DX

で変える・変わる

自治体の「新しい仕事の仕方」

推進のポイントを的確につかみ
効果を上げる！

合同会社KUコンサルティング
代表社員 髙橋 邦夫［著］

第一法規

はじめに

　2021年5月12日、第204回通常国会において、「デジタル社会形成基本法」「デジタル庁設置法」及び「デジタル社会の形成を図るための関係法律の整備に関する法律」等（デジタル改革関連法）が可決・成立しました。そこには、新型コロナウイルス感染症対策として行われた一人10万円の特別定額給付金の支給事務や住民を対象としたワクチン接種の予約事務において、自治体のデジタル化に温度差が生じていたことで多くの自治体で混乱が生じた反省を踏まえ、自治体の情報システムの標準化も含まれています。

　これまで地方自治の理念の下に、それぞれの自治体が情報化・デジタル化に取り組んできましたが、今後は「重要インフラ」のひとつとして、全ての自治体が情報基盤をインフラとして共通化し、取り組みを進めることとなります。

　新型コロナウイルス感染症のパンデミックは、デジタル技術によって仕組みを変えていく「デジタル・トランスフォーメーション」（DX）をより一層加速化させることとなりました。ダメージを受けた業界にあっても、DXによって業績を伸ばした企業があるように、自治体もDXに取り組むことで、ニューノーマルといわれる社会で新たな住民サービスを実現しなければなりません。

　自治体DXの推進により、自治体職員の仕事がどのように変わるのか、また変わっていかねばならないのか、そして、デジタル化を進める上でキーとなるICTツールを導入するポイントはなにか。こうした疑問に応えるため、29年間自治体職員として勤務し、現在は総務省や文部科学省の情報化アドバイザーとして、自治体情報化の支援を行っている立場から助言を行っていきたいと考え、本書を執筆しました。

　第1章では自治体職員を取り巻く環境の変化、第2章では仕事を変えるICTツール導入のポイント、第3章ではデジタル化と密接な関係

にある自治体情報セキュリティの要点、そして第4章では地域のデジタル化やデジタル化を進める組織体制について解説しています。これらを通して自治体DX推進のヒントをお伝えしたいと思います。

　DXを推進することは、業務のやり方を変えることにつながります。これまでは、前任者から引き継いだ業務を遂行するには、前任者が行っていた業務スタイルをそのまま行うことで、高い成果が見込まれたのでしょうが、業務の割振りや業務内容が変わってくるのであれば、それに適した業務スタイル（仕事の仕方）を考えていく必要が生じます。

　テレワークやコミュニケーションツールの活用など、これまで自治体ではあまり例のなかったツールにより、デジタル化に則した働き方に変えるためには、規則や要綱の改正とともに、職員の意識改革が必須となります。本書では職員の意識を変えるきっかけとして、私が支援を行ってきた自治体への助言内容を随所に盛り込みました。

　職員の意識改革そのものは、職員自身が自ら変えようとしなければなりませんが、なぜ変えるのか、変えるとどうなるのかといった具体例を示すことで、イメージが湧いて、行動に移せるのではないかと考えます。

　本書が自治体DX推進の担当者はもとより、より多くの自治体職員の目に留まり、様々な部門から「新しい仕事の仕方」へのチャレンジが始まる一助となることを期待しています。

令和3年8月

　　　　　　　　　　　　　　合同会社KUコンサルティング
　　　　　　　　　　　　　　代表社員　髙橋邦夫

第3節　自治体にとってのAI、RPA導入のポイント

第2章
ICTツール導入 – その成功のカギ

第1節 なぜ導入しても効果が出ないのか

第2節 自治体での導入事例から学ぶ

第3節 ICTツールはトランスフォーメーション達成のツール

第3章
自治体の情報セキュリティのあり方

第1節 これまでのセキュリティ対策と見直しの視点

第2節 情報セキュリティの基本的考え方

第3節 多くの関係者を巻き込んでの自治体DX推進

第 **1** 章

発想の転換
－「仕事のあり方・やり方」を見直す

第1節　なぜ自治体で仕事の仕方を見直す必要があるのか

1 ▶ 自治体DX推進計画と自治体の業務

- □ 自治体DXとは、デジタル技術を用いて仕事の進め方を効率化・高度化することである。
- □ 国民がデジタル化の恩恵を感じるには、身近な行政を担う自治体がその業務をデジタル化（スマート化）することが必須である。

（1）　我が国のデジタル化への取組み−デジタル改革関連法の成立

　2020年は、日本並びに世界にとって思いもよらぬ年になったことと思います。その理由はいうまでもなく新型コロナウイルスによるパンデミックの発生です。新型コロナウイルスへの対応は、それぞれの国が総力をもって対策を打ってきました。残念ながら日本では、その対応が国民に評価されるというところにまでは至っていません。

　それはなぜかというと、パンデミックへの対策がアナログによって行われ、デジタル化による対応を行った他の国々との差が明らかになったからです

　パンデミックの最中である2020年秋に発足した新しい政権では、「デジタル社会の実現に向けた改革」をキャッチフレーズとして、「高度情報通信ネットワーク社会形成基本法」（IT基本法）の見直しとデジタル庁の創設という2つの柱を公約に掲げ、便利で豊かな暮らしを国民に提供することを提案し、そのことは国民から高い評価を受けた

と思っています。

　この背景には、新型コロナウイルスへの対応について、構築したシステムが使いにくかったり不備が生じたりなど、「デジタル敗戦」などと表現されたように、国民が混乱し、自治体職員が苦戦を強いられたという経験があるからでしょう。

　「Society5.0」という新たな時代を迎えると、私たちはこれまでの暮らしを見直し、より豊かな生活を求めていくこととなるでしょう。

　「Society5.0」とは、狩猟社会・農耕社会・工業社会・情報社会に続く5番目の社会といわれています。このスマート社会の実現は、情報の取扱いに長けた者だけが恩恵を与えられる4番目の情報社会と違い、全ての人がデジタル化の恩恵を感じることができる社会といわれています。国は、このことを「デジタルの活用により一人ひとりのニーズに合ったサービスを選ぶことができ、多様な幸せが実現できる社会〜誰一人取り残さない、人に優しいデジタル化〜」というビジョンを用いて、国民に訴えています。

　2021年5月に国会で可決・成立したデジタル改革関連法において、IT基本法に代わって、我が国がデジタル社会へと変革するための大方針となる「デジタル社会形成基本法」が成立しました。その第1条（目的）に、地方公共団体の責務を明らかする、とあり、デジタル社会の形成に自治体が大きな役割を担っていることを謳っています。また第9条では、「公正な競争の促進、規制の見直し」「行政運営の簡素化、効率化及び透明性の向上並びに公正な給付と負担の確保のための環境整備」が自治体の役割であるとされています。

　また同じく成立した「地方公共団体情報システムの標準化に関する法律」では、自治体が住民情報を扱う際に利用する情報システムについて、基本方針や情報システム標準化のための基準を国が策定することとなりました。

　これらのことは、デジタル化に関しては、国が自治体の下支えをすることで自治体全体の底上げを図り、基礎的な部分はインフラとして

全国共通化を図ることを明示したものといえます。自治体は、「今のままでいい」という考え方では通用しなくなるということです。

　全ての国民がデジタル化の恩恵を受けるためには、私たちの暮らしにより身近な行政である「地方自治体」が先頭に立ってこうした動きに対応しないと、スマート社会の恩恵を受けた新たな生活・豊かな人生は、絵に描いた餅のようになってしまうのではないでしょうか。

（2）　自治体デジタル・トランスフォーメーション（DX）

　国は2020年12月25日に、新たなデジタル化の方針である「デジタル社会の実現に向けた改革の基本方針」を発表し、同日に「デジタル・ガバメント実行計画」も改訂、それを受けて総務省では、<u>自治体デジタル・トランスフォーメーション（DX）推進計画」という計画</u>（以下、「自治体DX推進計画」という）を全自治体に発布しました。

　さらに、2021年7月には「自治体DX推進手順書」を公表し、自治体が着実にDXに取り組めるよう手順を示すとともに、情報システムの標準化や行政手続のオンライン化に遅れをとらないよう後押ししています。

　図表1は、総務省作成の自治体DX推進計画の概要にある「自治体DX推進計画の意義・目的」です。ここには自治体におけるDX推進の意義として、目指すべきデジタル社会のビジョン実現のためには住民に身近な行政を担う自治体、とりわけ市区町村の役割は極めて重要である、と書かれています。そして、自治体においては、まず「自らが担う行政サービスについて、デジタル技術やデータを活用して、住民の利便性を向上させる」とともに、「デジタル技術やAI等の活用により業務効率化を図り、人的資源を行政サービスの更なる向上につなげていく」ことが求められるとしています。

　誰一人取り残すことなく、全ての国民にデジタル化の恩恵を感じさせるためには、住民に身近な行政を担う自治体が自らデジタル化に取り組み、住民の利便性を向上させるだけでなく、デジタル技術やAI

図表１　自治体DX推進計画の意義・目的

自治体におけるDX推進の意義

○　政府においてＤＸ社会の実現に向けた改革に向けた基本方針が決定され、目指すべきデジタル社会のビジョンとして「デジタルの活用により、一人ひとりのニーズに合ったサービスを選ぶことができ、多様な幸せが実現できる社会〜誰一人取り残さない、人に優しいデジタル化〜」が示された。

このビジョンの実現のためには、住民に身近な行政を担う自治体、とりわけ市区町村の役割は極めて重要である。

○　自治体においては、まずは、

・自らが担う行政サービスについて、デジタル技術やデータを活用して、住民の利便性を向上させる　とともに、

・デジタル技術やAI等の活用により業務効率化を図り、人的資源を行政サービスの更なる向上に繋げていく

ことが求められる。

○　さらには、データが価値創造の源泉であることについて認識を共有し、データの様式の統一等を図りつつ、多様な主体によるデータの円滑な流通を促進することによって、EBPM等により自らの行政の効率化・高度化を図るとともに、多様な主体との連携により民間のデジタル・ビジネスなど新たな価値等が創出されることが期待される。

※DX（デジタル・トランスフォーメーション）：ICTの浸透が人々の生活をあらゆる面でより良い方向に変化させること

※EBPM：Evidence-Based Policy Makingの略。統計や業務データなどの各観的な証拠に基づく政策立案のこと

自治体DX推進計画策定の目的

○　政府において決定された「デジタル・ガバメント実行計画」における自治体の情報システムの標準化・共通化などデジタル社会構築に向けた各施策を効果的に実行していくためには、国が主導的に役割を果たしつつ、自治体全体として、足並みを揃えて取り組んでいく必要がある。

○　このため、総務省は、「デジタル・ガバメント実行計画」における自治体関連の各施策について、自治体が重点的に取り組むべき事項・内容を具体化するとともに、総務省及び関係省庁による支援策等をとりまとめ、「自治体DX推進計画」として策定し、デジタル社会の構築に向けた取組みを全自治体において着実に進めていく。

（出典：総務省「自治体DX推進計画概要」2020年、１頁）

等の活用により、自治体自身が自治体業務そのものをスマート化させる必要があるのです。

　私は、自治体のデジタル化と自治体DXとの違いは、まさにこの点にあると思っています。「これまでの業務をデジタル化してそのまま行う」のではなく、「デジタル技術を用いて仕事の進め方を効率化・高度化（スマート化）する」こと、これこそが自治体DXだと考えています。これから先、この考え方をベースに話を進めていきたいと思います。

　さらに自治体DX推進計画では、策定の目的として、国が主導的に役割を果たしつつ、自治体全体として、足並みを揃えて取り組んでいく必要がある、としています。確かに、「地方自治」を基本とする考え方はこれからも必要です。最終的には自治体が、それぞれ責任を持って取り組むことに変わりありません。しかし、各自治体がゼロベースから考え、自分たちの考えでICTツールを導入すると、足並みを揃えることが難しくなり、転出・転入者に不利益を与えることや、自治体間の比較が困難になるといった問題が生じます。「地方自治」の原則のもと、国が最低限必要な考え方を提示し、有効なツールを提供し、自治体はそれをベースに取り組むことが重要です。

　自治体DX推進計画の意義や目的は、このような点に現れていると考えます。

2 ▶ 自治体における働き方改革の流れと課題

POINT

- ☐ 自治体DXとは、部署間の垣根を越えた業務改善の取組みである。
- ☐ 現場の改善活動だけでなく組織全体の働き方を変える時期にきている。

(1) これまでの業務改善と自治体DX推進との違い

　地方自治法の第2条第14項にある「最少の経費で最大の効果を挙げる」という考え方に基づき、それぞれの自治体はこれまで、工夫を凝らして業務の効率化・高度化に努めてきました。

　ではいったい、これまでの取組みとこの度の自治体DX推進とはなにが違うのでしょうか。

　多くの自治体では「職員提案制度」のような名前で、職員から業務改善の提案を募り、その中身を審査して評価する取組みや、「改善表彰」のような名称で、職場が実際に取り組んだ業務改善の効果を表彰するような制度を設けています。

　これらは、業務の効率化・高度化という点では優れた仕組みではあります。しかしながら、取組みの範囲が自分たちの所属している部署に限られてしまい、部署間の垣根を超えるような取組みや提案は少ないのが実情ではないでしょうか。

　一方で自治体DXとは、部署間の垣根を越えた業務そのもののあり方・進め方を変える取組みです。「デジタル・トランスフォーメーション」という言葉の意味のとおり、デジタルの活用により業務をトランスフォーム、つまり変えることがねらいとなります。

（2）　組織全体を俯瞰した改善の大切さ

　ある自治体では、会計課から審査担当者が集中して審査業務が行えるよう、集中タイムを設けるという提案がありました。それが採用され、毎日朝9時から11時までは会計課に書類を持ち込まないよう、また電話をかけないよう、全庁に周知がなされました。このことにより、審査の担当者は2時間集中して審査に取り込むことができ、審査の効率化が図られたということです。一方で、急ぎの案件を抱えながらも11時まで待たなければならなくなった各課の担当者にとっては、審査の担当者が集中タイムにあっても問い合わせの電話をかけてくることから不満が高まった、という結果となったということです。

　また別の自治体では、予算削減が求められたため、更新期間が来ていた担当課の公用車を返却することとしました。しかし使いたい時に使えないのは困るため、月初めの朝に、職員がグループウエアを使って公用車の予約を1ヶ月分すべて入れてしまいました。使う予定が決まっていないのに予約を入れたことから、使いたい部署が多数あるにもかかわらず、公用車は駐車場に停まったままとなりました。このような状況になったのですが、結果として公用車所有の経費が削減でき、業務に影響を与えることがなかったとの理由で、業務改善事例として表彰されることになったということです。

　これら2つの事例のように、自分たちの業務が改善される一方で他の部署に迷惑がかかるような事例を評価してしまうと、本来的な改善とはいい難く、ともすればその取組み制度自体がバカバカしく感じられ、職員の気力を削いでしまうことにもなりかねません。

　これを自治体DXでの取組みで対応することとした場合、前者の例でいえば起票の決裁が終わった時点で、自動的に審査の担当者に引き渡せるような仕組みにすることや、書類の内容確認を電話ではなくコミュニケーションツールを使って行うことなどが考えられ、審査担当者は他の部門に迷惑をかけることなく集中することができるようにな

ると思います。

　後者の例でいえば、各課に公用車を割り振るのではなく、自治体全体で公用車を管理し、グループウエアのデータを分析して、予約状況と利用状況とを照らし合わせ、利用率の少ない部門には注意を促すような仕組みが設けられることで、組織全体の利用率向上と適正な公用車管理が可能になるのではないかと思います。

　日本では「現場力」などといって、現場での改善の取組みや担当者の意見を重視する傾向があります。高度経済成長期には、勤勉な日本人は、自分たちの取組みが少しでも良くなるよう、日々見直しを行い、結果として大きな効果を生んできました。しかしこれからのスマート社会では、次々と新たなツールが生まれる一方で、それに伴う新たな課題が生み出されます（例えば便利なツールが出来ると、それに対する情報セキュリティ対策が必要となるように…）。

　このような社会環境に適応していくためには、現場の改善活動も必要ですが、組織全体の働き方改革が強く求められてくるのではないでしょうか。

3 ▶ ウイズコロナで見えてきた新たな視点

□ コロナ対応によって、自治体間のデジタル化の格差がより開いていることを認識する。
□ 事業継続計画（BCP）は「場所」に捉われないことを念頭に作成する。

(1)　コロナ禍で顕在化した自治体の課題

　2019年末にWHOから報告された新型コロナウイルスは、2020年1月には日本でも感染が報告され、2020年4月には緊急事態宣言

が発出されるなど、2020年度は新型コロナウイルス対策に追われた年であったといっても過言ではないでしょう。

　特に保健所を抱える自治体では、感染の早期からその対策に追われ、ピーク時には対応が追い付かなくなるほどの業務量となりました。保健所を抱えていない自治体においても、感染への予防対策や感染拡大の防止対策など、次々と発生する新たな課題への対応に追われました。第1波と呼ばれた最初の感染ピークが過ぎ去った後も、給付金の支給業務が混乱をきたしましたし、その後第2波、第3波の感染ピークの到来、年が明けた2021年になるとワクチン接種のための新たな事務が自治体に重くのしかかってきました。

　ワクチン接種の拡大により、世界的なパンデミックは治まりを見せ始めたかと思ったのも束の間、世界のあちらこちらで発見される変異株の脅威はまだしばらく続きそうで、2021年も新型コロナウイルスと相対する一年となっています。

　このように、まだまだウイズコロナと呼ばれる時代は続きますが、このコロナ禍において、これまでの自治体業務の問題点が顕在化してきました。ウイルス発生初期には医療機関から保健所への報告がファックスで行われ、保健所ではそれをシステムに入力していたため、集計や報告に多くの時間が割かれることとなりました。長期間の休校を余儀なくされた学校では、子どもたちの学びを確保するために、プリント物の配布によって授業を補う状態が続きました。私がテレワークマネージャーとして支援した自治体のほとんどは、緊急事態宣言の発出により出勤者の制限が求められても、テレワークの環境が整っておらず、職員は交替で自宅待機するしかない状態でした。

　さらには、国民一律に10万円を給付した特別定額給付金の支給事務では、オンライン申請をしたいがために、マイナンバーカードの申請窓口が密になってしまったり、暗証番号を忘れてしまった市民のために臨時窓口を設けたり、といった状況になりました。さらには、オンライン申請をしても自治体側の審査業務が煩雑になるからという理

由で、郵送による申請に切り替えるよう通知を出し、オンライン申請を止めてしまった自治体もありました。

(2) 素早い対応を可能にしたもの

すべての自治体がそうであったのかというと、違う対応をする自治体もありました。感染の拡大前に児童生徒一人1台体制を整えていた教育委員会では、休校期間中であっても子どもたちがパソコンを持ち帰り、遠隔授業を受けることが可能でしたし、テレワークの環境が整っていた自治体では庁内ネットワークに接続して、テレワークを実現していました。

特別定額給付金事務においては、職員が独自にマイナンバーカードを必要としない申請システムを作り、多くの市民がそのシステムから申請し、住民記録データと結びつけることで、素早い支給を行った自治体の例もあります。

パンデミック中においても素早い対応がとれた自治体は、なにが違っていたのでしょう。一般的には、素早く対応できた自治体は、事業継続計画（BCP）がしっかりと策定されていた、と考えられます。私は該当する自治体の事業継続計画を全て見ているわけではありませんので断言はできませんが、東日本大震災や新型肺炎ウイルス（SARS）の発生を受け、多くの自治体は事業継続計画を作っていたと思います。

地震であったり、新型肺炎ウイルスであったりと、その対象となるものが今回のような全世界に及ぶパンデミックまでではなかったにせよ、多くの自治体では職員の行動が制限されるという事態への対応を考えていたと思います。

ではなにが違っていたのでしょうか。私は、「場所にとらわれていたかどうか」が大きな違いだと考えます。

保健所という場所、学校という場所、役所の窓口という場所が前提で業務を組み立てていると、今回のような「その場所に居られなくな

る」という事態に対応できません。

　素早い対応が取れた自治体がそのような計画を作っていたかどうか
は定かではありませんが、少なくとも「デジタルを活用した業務の進
め方」を常日頃から考えていたのではないかと考えます。これについ
ては第2章で詳しく述べます。

4 ▶ 自治体にとってのテレワーク導入の必要性

□ 職場に出られないから仕方なく、ではなく成果を上げる
　ためのテレワーク環境を構築する。
□ サービスを止めてはいけない自治体だからこそ、テレ
　ワーク導入は必然である。

（1）　テレワークは自治体に馴染まないのか

　1回目の緊急事態宣言が発出された2020年4月、総務省のテレワー
クマネージャーである私の元には数多くの自治体から問い合わせがあ
りました。しかしながら、宣言解除とともにテレワーク導入の機運は
低下し、2回目の緊急事態宣言が出された2021年1月においてさえ
も、さほどテレワークが進まなかったと聞いています。

　そもそも「自治体にはテレワークは馴染まない」と言われることも
あります。本当にそうなのでしょうか。

　私が総務省からテレワークマネージャーの任務を拝命したのが
2019年度です。この年は合計で3自治体の支援を行いましたが、そ
のうちひとつは教育委員会からの先生方のテレワーク（自宅からのア
クセス）についての相談であり、残り2つは年度末に新型コロナウイ
ルスの感染が広がり始めた頃に、緊急事態宣言の発出を見越しての相
談でした。

　翌 2020 年度は 4 月だけで 10 の自治体から支援相談があり、年度を通して 36 自治体に 50 回以上の支援を行いました。2015 年から務めている総務省の地域情報化アドバイザーとしても、2020 年度には 7 つの自治体にテレワーク導入の支援を行いましたので、2019 年度末の 2 件を合わせると、コロナ禍といわれる時期に合計で 45 の自治体にテレワーク導入のお手伝いをしたことになります。

　少し前のデータとなりますが、2020 年 3 月末の総務省の集計データによると、都道府県では 8 割、政令市でも 5 割以上の団体でなにかしらの形でテレワークを実施していましたが、それ以外の 1,721 市区町村では 3 ％に当たる 51 の団体でしか導入されていなかったという結果になっています。つまり 1,700 近い自治体ではテレワークが出来る環境が出来ておらず、新型コロナウイルスの感染が拡大し、職員の感染防止や出勤制限に対応するために、慌てて支援を受けることとした、ということです。

　国としても、自治体のテレワークを推進させるために「地方創生臨時交付金」での財源確保や情報セキュリティ確保策の通知、さらには無償のテレワークツールの提供などにより、支援を行ってきました。これらの取組みにより、現在ではほぼ全ての自治体でリモートから庁内のネットワークに参加できる環境は整ったものと考えます。

　それにもかかわらず、第 2 回目の緊急事態宣言では自治体職員のテレワークが進まなかったのはなぜでしょうか。

　先ほど私のテレワークマネージャーの実績をお伝えしましたが、実は 7 月までの支援内容と 8 月以降のそれとでは大きな違いがありました。当初の支援内容は「どうすれば早く安全なテレワーク環境が構築できるのか」といったものが大半であったのに対して、後半では「どうすれば構築したテレワーク環境を職員が使ってくれるのか」に変わっていきました。

　つまり、国の支援を受けつつどうにか環境を構築したが、いざ出来上がってもなかなか使ってくれない、ということだと思います。出勤

が出来ないという事態に対して環境構築したものの、出勤制限が厳しくないのであれば、出勤した方がよいということです。

(2)　テレワークに躊躇する理由

　この背景には2つの問題があると考えます。

　ひとつは職場の自席でないと仕事がはかどらない、という根強い意識もからんだ問題です。実質的に紙や電話というアナログによって仕事を進めている限りにおいては、自席から離れた場所で仕事をしようとすると、効率が落ちてしまいます。そのため、テレワークよりも自席がよいとなってしまうのです。

　もうひとつの問題は、他人の目が気になる、ということです。日本の社会では「勤務態度」が人事評価の大きなウエイトを占めていました。自席に張り付いて黙々と仕事を続ける人が仕事の出来る人とされ、周りとしゃべっている人や頻繁に席を外す人よりも高い評価を受けてきたのです。それ自体がすべて間違っているということではありませんが、人事評価制度が変わりつつある現代においても、長年の習慣を変えることは容易ではありません。「この忙しい時に彼はテレワークをしている」という声が出るのは、正にこの考え方が残っているからでしょう。

　テレワークについては、この後もその必要性・意義を述べていきますが、ここではっきりと言っておきたいことは、今回のようなパンデミックはいつまた起きるかわからないということです。パンデミックでなくても、大きな災害や事件・事故によって職員の出勤が制限されるという事態は容易に考えられることから、「出勤しなくても住民サービスが維持できる仕組み」として、自治体だからこそ、テレワークを行えるようにしておくことが重要なのです。

　今後も想定される不確実な社会の変化に柔軟に対応し、時代に合った住民サービスを提供し続けるために、自治体は仕事のあり方・やり方を明確な意図をもって見直す必要があるのです。

第2節 「できない」を「できる」に変えるICTツールの活用

1 ▶ 自治体DXとICT導入はなにが違うのか

□ 自治体DXを担うのは情報システム部門ではない。
□ ICTツールを導入しても仕事のやり方を変えなければ DXではない。

（1） DX推進部門をめぐる課題とは

新型コロナウイルスへの対応を進める中で、デジタル化の意義を感じたり、新しい政策の考え方に同調したり、理由はそれぞれかもしれませんが、2020年秋以降、多くの自治体が「DX推進部門」の新設や強化に取り組んでいます。私の元にも「手伝って欲しい」という話が複数の自治体から持ちかけられています。

こうした動きはデジタル化推進にとって非常に嬉しい状況ではありますが、ひとつ気になっていることがあります。それは「情報システム部門の拡充や名称変更でDX推進部門を作っている」自治体が多数見受けられることです。

「デジタル化推進は情報政策と密接な関係にある」ことは間違いないことです。しかしDXとデジタル化はイコールではないことを、ここでは明確にしておきたいと思います。

アナログで進めている業務をデジタルに変えていく。それにはICTツールの活用が不可欠ですから、ICTツールの導入や管理にかかわっている情報システム部門に委ねることが最も効果的です。しかし、今

15

般の自治体DXは、総務省の自治体DX推進計画にあるように、「デジタル技術を用いて仕事の進め方を効率化・高度化する」ことに意義があるのです。

この意義を達成するには2つの部門がかかわってきます。ひとつは「デジタル技術を用いる」ことに長けている情報システム部門で、もうひとつは「仕事の進め方を効率化・高度化する」ことを業務としている業務（行政）改革部門です。私は「DX推進部門」を新たに設けるのであれば、情報システム部門と業務（行政）改革部門とを合体させるべきであると考えています。

仮にどちらかに寄せなければならないのであれば、業務（行政）改革部門に情報システムに長けた職員を配置・拡充させて、「DX推進部門」とすべきだと考えます。

自治体DXの意義を理解していない職員には、情報システム部門を「自治体DX課」としても「これまでのICT課とか情報政策課とかに名称変更をしてきたのと変わらないのであろう」と受け取られてしまいます。逆に業務（行政）改革部門を「自治体DX課」としたならば、「業務の見直しをデジタルで行うのか」と、自治体DXの本旨に近い受け止めをしてもらえるのではないでしょうか。

（2） 自治体DX推進に不可欠な業務改革

このように、自治体DXには業務改革が欠かせません。逆の視点からいうと、テレワークを進めても、AIやRPAを活用して効率化を進めても、<u>仕事のやり方が変わっていないのであれば、それは自治体DXではありません。</u>

テレワークを進めるために決裁を電子化して、庶務担当者に回していた書類をなくしたり、電子申請システムで受けた申請を紙に出力して職員が基幹系のシステムに入力していた作業をRPAの活用により省いたりすることが、自治体DXと呼ばれる行為です。テレワークでこれまでと同様の文書を作成し、職場に出勤した日にそれをプリント

アウトして庶務担当者に渡したり、電子申請システムで受けた申請を紙に出力したりして、それを OCR で読み取って、RPA が基幹系システムに入力するなどといった ICT ツールの導入では、「貴重な予算をICT ツールの導入に使っただけ」と言われてしまいます。

　このように文章にしてみると「なんともったいない」と思っていただけるのでしょうが、自治体の職場では、このような事例が多数見受けられます。テレワークを始めること、RPA の利用シーンを増やすことが目的となってしまい、テレワークに相応しい働き方をするにはどうするのか、RPA が DX 推進の効果を発揮する使い方はどのような場面なのかを考えることなく、ICT ツールの導入が目的になってしまい、それを達成することで満足している自治体が少なからずあることを認識していただきたいと思います。

　もう一度繰り返します。自治体 DX は ICT ツールの導入とはイコールではありません。

2 ▶ 窓口業務や福祉業務とテレワーク

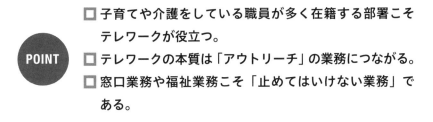

POINT

☐ 子育てや介護をしている職員が多く在籍する部署こそテレワークが役立つ。

☐ テレワークの本質は「アウトリーチ」の業務につながる。

☐ 窓口業務や福祉業務こそ「止めてはいけない業務」である。

（1）　窓口業務とテレワーク

　総務省のテレワークマネージャーや地域情報化アドバイザーとして多くの自治体を支援してきましたが、相談いただくのは総務課、人事課、情報システム課などです。相談相手からは「窓口業務や福祉業務

の職員はテレワークが出来ない」「窓口業務や福祉業務にテレワークの話をすると『ここは無理』と言われる」といった話を聞きます。1回目の緊急事態宣言下では「基礎自治体である役所は窓口業務が基本であるため、テレワークを導入することが困難だ」と考えていた自治体もあったようです。

　私は豊島区役所時代には窓口業務である税務課に2年、福祉業務である保育課に2年在籍していました。この時の経験を踏まえ「窓口業務や福祉業務こそテレワークが出来る体制を考えなければならない」と考えています。

　理由はいくつかありますが、ひとつに「職員定数上の特色」があります。いうまでもなく、窓口業務も福祉業務も窓口での応対業務があります。窓口や電話での住民対応を行いながらも分掌事務といわれる申請の処理や関係機関との調整などを行わなければならないため、職員定数は多めになっています。（職員定数が削減される中においても、所属を合体させるなどで、窓口が不在になる事態を避けてきていました。）

　職員の数が多ければ、様々な環境にある職員が所属することとなります。私が在籍していた当時、正規職員は税務課では70名弱、保育課では30名強いました。そこには出産を控えた職員や子育て中の職員、さらには介護を行っている職員が複数名いました。このように時間を有効に使いたい環境にある職員からは、休暇を頻繁に取得するよりも、テレワークで僅かな時間でも仕事を進められると助かる、という声がありました。

　また窓口業務や福祉業務は現場に出る機会が多いことも理由のひとつです。

　ここでひとつ大事なことをおさらいしたいと思います。テレワークとは「リモートワーク」「サテライトオフィス」「在宅勤務」の3つの働き方の総称であって、職場ではない場所で働くという意味です。新型コロナウイルスによるパンデミックで出勤制限がなされたこともあ

り、テレワークを「職場に来ないで働くこと」と捉えている方がいますが、出先や出張先で普段の仕事をすることもテレワークの一形態であることを押さえてください。

(2) テレワークは新しい働き方を可能にする

話を本題に戻しますと、窓口業務や福祉業務の職員は、申請内容を確認するために申請者の元を訪れたり、税務署や県の福祉施設を訪れたりといった外に出る仕事が多いのも特徴です。私が豊島区役所に在籍していた時代には、外に出かけていった職員に用事があっても、帰りを待つか、出先職場に取り次いでもらうか、場合によっては出かけた職員の私物の携帯電話に連絡を取らざるを得ませんでした。

しかし、テレワーク用のツールを持って出かけた場合には、それを使って連絡を取ることが可能になるばかりではなく、出かけた職員も外出先でメールチェックが出来たり、申請者と話した内容をメモに残したりなど、時間を有効に使えます。さらには情報セキュリティが施されたシステムにアクセスできれば、その場で業務処理が行えて、職場に戻らずに帰宅することも可能になるのです。

個人情報を職場外で扱うことについては第 3 章で述べますが、これからの自治体職員は、福祉職に限らず「アウトリーチ」といった自治体からの働きかけが重要視されます（誰ひとり取り残さない、とは正にこのことではないでしょうか）。

このように、現場に出る機会が多く、職員数も多いこれらの職場の職員が外出先から仕事ができる環境を構築できれば、テレワーク環境構築の効果を実感できるのではないでしょうか。

なによりも大事なことは、自治体にとって窓口業務や福祉業務は大事な基幹業務であり、これらの業務が止まるような事態は最低限に抑えなければならないということです。

新型コロナウイルスには多くの自治体職員も感染してしまいました。感染者が出ると一緒に働いていた職員も「濃厚接触者」として自

宅待機が命じられます。初期の頃には役所でのクラスター発生が疑われたケースもあり、庁舎への立ち入り制限が行われたこともありました。

　いつもの職場に入ることが出来なければ、そこでの業務は軒並みストップせざるを得ません。臨時の窓口を設けたり、自治体の各支所などで窓口を開設したりするなど、今回のパンデミックで「役所が機能しなくなる」というリスクを実感できたのではないでしょうか。そして、いつまた次のパンデミックに襲われるかもわかりませんし、地震大国である日本では、地震を始め自然災害による自治体の機能の喪失については常日頃から考えておく必要があるのです。

　いつもの職場が使えなくても窓口業務が行えること、福祉業務が継続できることは、事業継続において必須の事項ではないでしょうか。そのためにも、窓口業務や福祉業務の職員が職場でなくても働ける環境をいち早く実現しなければなりません。

3 ▶ 自席でなければできない業務とは

□ 自席でないと効率が下がる業務が自席でなければできない業務ではない。
□ コミュニケーションは重要、でも職場である必要はない。

(1)　テレワーク推進は自治体の役割

　自治体の事業継続を考えると、窓口業務や福祉業務が維持できればよいというものではありません。突き詰めれば「全ての業務が職場でなくてもできること」が理想であり、事業継続計画（BCP）は、この理想を実現することを目的として策定していけばよいのではないかとも考えられます。

　一方で今回の緊急事態宣言下では、職場の密を避けるために職員の出勤制限が実施された際に、在宅では仕事が進まないとのことから、急遽テレワークの環境を用意することとなりましたが、緊急事態宣言の解除とともに、テレワークでは効率が悪いからという理由でテレワーク用のツールが使われていないという話も耳にします。テレワークマネージャーである私の元には「どうすればテレワークツールを使ってもらえるか」という相談が次々と来るので、これは事実に間違いありません。

　貴重な財源を使って調達したとか、担当職員が毎晩残業して構築したという側面もありますが、私が最も残念だと感じることは、テレワークに移行する機会を自ら失しているという点です。

　これまで自席（職場）という職務環境を整えることに苦心してきましたから、テレワークよりも自席で働くほうが効率が上がる、ということは当然といえば当然です。しかしながら、これからは定員適正化による人員抑制などにより職員の少数精鋭化が求められる中で、様々な環境にある職員が誰でも働きやすい業務分担、市民との協働やアウトリーチなど外出する機会の増大、さらには災害時などの事業継続といったことを考えると、テレワークでも業務を進められるようにしておくことは自治体の役割のひとつと考えられます。図表 2 にあるように、自治体でのテレワークは外資系企業が実施しているテレワークとは内容が異なる、自治体独自のテレワークを考案すべきなのです。私は総務省の「自治体 DX 推進計画」の重点事項にテレワークが入っている理由は、そのためであると考えています。

　自席でないと効率が下がるからといってテレワークを否定してしまうと、自席から離れた時に業務が立ちいかなくなります。テレワークツールが必要とされ、貸し出す機器に余裕のある今の時期にテレワークを経験してみてください。そこで不便だと感じた事項を改善していくことで、テレワークでも問題なく業務が進むようになるのです。

図表2　地方公務員の働き方とテレワーク

■これまでの発想

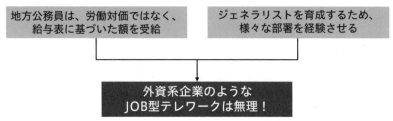

■これからの姿勢

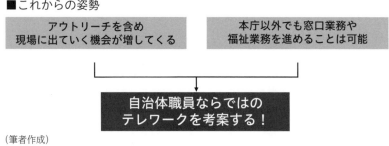

（筆者作成）

（2）　コミュニケーションをいかに図るか

　テレワークを行う際の課題として、コミュニケーションが図りにくいという指摘があります。もう8年ほど前のことですが、私も初めてコミュニケーションツール（チャットやWeb会議などネットワークを使ったコミュニケーション機能を有したツール）を試してみた時には、「事務連絡には使えるが、微妙なニュアンスは伝わらない」と感じたものです。

　確かに現実世界で実際に会って、直接相手と同じ空間・同じ時間を共有するリアルのコミュニケーションに勝るものはないのではないかと思います。しかしながら、人類は古くから直接会うことの難しさを克服するために、様々な道具を使いこなしてきたのではないでしょう

か。いにしえの時代には「文字」がそうであり、郵便という仕組みが発達し、近代になると「電話」が現れて、ケーブルや電波を介しての通信が発展し、20世紀になるとインターネットの出現により、「メール」という伝達手段も使われるようになりました。

　今回はこれまでの「文字」や「音声」に「画像」が加わったわけです。さらには通信技術の発展によって、低遅延で高品質な音や画像の共有も現実のものとなってきました。微妙なニュアンスが伝わらないからといって電話やメールを否定した人がいないように、新たなコミュニケーションツールの特徴を活かした使い方を考えるべきではないでしょうか。

　自治体職員の仕事は一朝一夕に「Job型」に移行するのは難しいでしょう。チーム制を敷くことでより高度な仕事が実現され、様々な職場を渡り歩きジェネラリストとしてより多くの公務を知ることが求められる人事制度を続けていく限り、公務員にとってコミュニケーション能力は欠かせないスキルです。

　コミュニケーション重視ですから、リアルの会話の必要性は否定しません。しかしだからといって、全員が職場に集まる必要があるのでしょうか。働き方に柔軟性が求められ、職場に全員が集まることが困難になる時代になるからこそ、コミュニケーションツールを上手に使って職場の調和を図るべきではないかと思うのです。

　職員同士のコミュニケーションがリアルでなくても図れるようになれば、自席でなくては出来ない業務は、来訪者への対応と電話の応対、そして自席にあるツールを用いた業務に絞られてくるでしょう。

　電話については、コミュニケーションツールを用いる事例を第２章でお伝えします。自席にあるツールもいずれはパソコンで代用できるようになるでしょう。職員が交替でテレワークを行う勤務体制の到来は、そう遠くないと思います。

4 ▶ ニューノーマルに必要な発想の転換とICTツール

□ 自治体にとって会議は重要な意思決定の場であるが、リアルであることが必須ではない。
□ 思い込みが思考を止める。チャレンジする際に便利なのがICTツールである。

(1) 会議（ミーティング）を変える

　これまでテレワークを中心に「発想を変える」ことについて述べてきましたが、テレワーク以外にも職員が発想を転換することで、自治体の業務が大きく変わる部分はたくさんあります。特に全ての自治体に当てはまるのは会議（ミーティング）についてだと考えます。

　私は豊島区役所の管理職員時代に「仕事を見える化する」ことを大事にしていました。当然部下の勤務内容を明らかにして勤務の偏りがないように努めていましたが、一方で自分の仕事がどんな状態であるのかも気にしてみました。情報管理課長時代に月曜日の朝から金曜日の業務終了時までどんな仕事をしたかを全て書き出してみたところ、勤務時間の7割近くを会議（ミーティング）に費やしていたことがありました。一日平均5時間近く席にいなかった訳です。

　私の事例は特殊かもしれませんが、自治体職員は会議に費やす時間が比較的多いと思います。チームで仕事をしていますし、関係者との打ち合わせや上司に報告するために事前に打ち合わせを行うといったこともあります。さらには自治体の各業務は密接に絡み合っているので、単独の部署だけで進めるのが難しいという特徴もあります。それ故に、自治体でなにかを進めるためには、会議を開いて関係部署の了承を取り付けてからでないと始められないのです。

　たとえワンマンな首長がトップダウンで次々と指示を出しても、そ

れを遂行する職員に意図が伝わらないと物事が進みません。こういったことからも、自治体にとって会議は重要な意思決定の場であるといえるのです。

しかし、これまで述べてきたような社会状況にある昨今、重要な場であるからといって、これまで通りでよいという訳にはいきません。

(2) 資料をデジタル化すれば完了ではない

これまでにも大多数の自治体が、会議の効率化・省力化を図ってきたことでしょう。ところが、会議のデジタル化に関しては、私からすると不思議な方向に進んでいるように見えてなりません。

会議のデジタル化で最も多い取組みが資料のデジタル化です。会議参加者がタブレットなどを用いて会議資料を確認しているのですが、あまりよい評判は聞きません。それは資料をデジタル化することが目的となっているからです。実施した自治体担当職員は、「紙が何枚減った」とか「資料の帳合いの時間が削減された」などと成果を謳っていますが、参加者は縦になったり横になったりする資料が見づらくて仕方ないということも起こります。さらには会議の場だけがペーパレス化でも手元に資料がないので、職場に戻ると事務局に電話して「紙で持ってくるよう」命じていたりします。

資料のデジタル化で重要なのは、「資料をデジタルで見ることを前提に作成する」ことです。縦長の資料と横長の資料が混在してはいけないのです。そしてデジタルで資料を作成したのですから、その資料は適切なアクセス権を施して、権限のある職員は誰もが見られる場所に保管しておくことで、真のペーパレス化につながるのです。豊島区では会議資料はグループウエアの決められた場所に保管して、参加者は自分のパソコンを持ち寄って会議に臨み、ファイルを見て説明を聞いていました。特別なツールは一切入れませんでしたが、十分ペーパレス化・帳合い作業の削減は実現できました。

今は多くの職場で利用されるようになった Web 会議ツールで資料

を共有して説明すれば、スクリーン投影も必要なくなります。図表3
に私が勤めていた当時の豊島区の会議ルールを掲載しましたが、資料
をデジタル化するだけでなく、会議そのもののルールも見直して、デ
ジタル社会に相応しい会議のあり方を考えるべきだと思います。

図表3　会議のルール（豊島区の例）

会議の見直しは働き方改革の第一歩

1　会議時間は、1時間以内
2　メンバーは、できる限り絞る
3　会議で説明する資料は、要点資料2枚まで（ペーパーレス会議）
4　会議結果は、明確にし、共有する
5　記録は、要点メモと録音だけ

（豊島区「『会議の新ルール2016』トピック〜ワークスタイル変革（第1弾）〜」より抜すい）

会議の改革は、資料のデジタル化ではなく、会議全体の効率化で考える

AI会議録システムよりも、録音データをそのまま残すほうが、職員の負担ははるかに低下する

（豊島区資料を引用して筆者作成）

（3）　議事録を見直す

　高価な議事録作成ツールを導入した自治体もあるようですが、まず
は「議事録が必要かどうか」を検討してみてはいかがでしょうか。昨
今はほとんどの会議で録音・録画が行われているのですから、そのデー
タを共有してはいかがでしょうか。先ほどのグループウエアなどの資

料共有スペースに会議資料と一緒に録音データを保存しておけば、会議に参加していない職員でも確認は可能ですし、会議資料にいちいちメモを加える必要もなくなります。どんな優秀なAI議事録ツールよりも効果は高いと私は思います。

「会議は顔を合わせて行うことで、様々な意見が出る」「参加者が本当に納得したかどうかは顔を見なければわからない」といった意見があります。これは先の「テレワークではコミュニケーションが図りにくい」という意見に通じるものがあります。

自治体はこれまでも与えられた環境で、どうすれば効果的・効率的に仕事を進められるのかを追求してきました。これまでのコミュニケーション手段である「手紙」「電話」「メール」というツールの世界では、一同に会することでしか多数の部門の調整は図れなかったのかもしれません。

しかし技術の発展によって「オンラインコミュニケーション」が図られるようになり、映像を介してのコミュニケーションが加わり、「距離の壁」を超えることが可能となった新たな環境では、新たな発想と新たなやり方を検討する必要が生じています。そして技術の発展がますます加速化されるこれからの社会においては、「これまでの常識を疑ってかかる習慣・考え方」を身に付けることで、組織や集団をけん引する役割が果たせるようになると考えています。

繰り返しますが、自治体DXは自治体業務のデジタル化ではなく、自治体の業務の「あり方・やり方」を大きく変えることです。

私が自治体を支援している際に「規則でそうなっている」「こういう条例がある」という話をしてくる方がいらっしゃいます。私はすかさず「私は豊島区役所で幾つもの条例改正・規則策定を行ってきました。条例も規則も自治体自らで変えることが可能です。国が規制改革に取り組んでいる現在において、条例や規則があるからといって思考を止めてしまってはいけません。ましてや要綱・要領などであれば、上司を説得すれば制約は外せます。大事なことは『どうすれば変えら

れるか』です」と返しています。

　これまで難しいと考えられていた業務改善を可能にするのは、新た
に出てくるであろうデジタルツールです。これまで「できない」と考
えていた業務改善を「できる」に変えるのがICTツールなのです。
このことについては第2章でたっぷりお伝えします。

第3節 自治体にとってのAI、RPA導入のポイント

1 ▶「仕事のあり方・やり方」の見直しとAI、RPA導入

- □ AIやRPAは多忙な職場を救う手段として導入するものである。
- □ 現場重視と業務フローへのこだわりは別物に捉える。

（1） AIやRPAでなにをするのか

　自治体DX推進計画の6つの重点取組事項のうち、一般職員にとって敷居が高そうであるのが「④自治体のAI・RPAの利用推進」ではないでしょうか。

　他の5つの重点取組事項は、職員としてなにに取り組めばよいのかが容易に想像できるのに対して、AIやRPAについては、その特徴がわかっているとしても、自治体DXに取り組む上で、情報システム部門でない職員はなにをすればよいのかわからずに「待ち」の姿勢になってしまうと思われます。

　ここではAI・RPAとはなにかという解説ではなく、自治体DXに取り組む際にどのように活用すべきかをお伝えすることで、AIやRPAの特徴・特性がおわかりいただけると考えて話を進めていきます。

　私は総務省の各種委員を務めていますが、「自治体におけるRPA導入促進有識者会議」では、2021年1月に発表した『RPA導入ガイドブック』の作成にかかわり、「地域IoT実装・共同利用推進事業評価会」「自

治体AIクラウド化検討会」では、自治体がAIを用いた実証に参加する際の選考や実施中の進め方についてアドバイスを送るなどしてきました。そのため、AIやRPAが自治体の業務にどのように関連付けられるべきか、どこに問題点が生じやすいかなど、生の声をたくさん聴いてきました。余談ですが、AIやRPAの導入は区役所勤務時代に提案で終わってしまったツールでもあり、一層想いが強いのかもしれません。

　AIやRPA導入の目的で最も多いのが「業務負担の軽減」です。AIは「Artificial Intelligence」の略語で「人工知能（知的行動を人間に代わってコンピュータに行わせる技術）」、RPAは「Robotic Process Automation」の略語で、「普段人が行う定型的なパソコン操作をソフトウェアのロボットが代替して自動化するもの」です。どちらもコンピュータやソフトウェアが人に代わって行うものですから、これまでは職員が時間をかけて行っていた作業を肩代わりさせて、職員はそれに充てていた時間を別の作業に振り向けることを目的とするのは当然かもしれません。

　私と同じ50代後半の職員は、情報システム（業務システム）を導入する際にも同じようなことを聞いた記憶があるのではないでしょうか。また、パーソナルコンピュータが職場に配置された時代を知っている職員は、「マクロ機能」といった表計算ソフトなどに付随している簡易プログラム機能を使って、入力の自動化などに取り組んだ経験もあるのではないかと思います。

　情報システムやマクロ機能という職員が行う作業を代替するツールがあるにもかかわらず、AI やRPAが注目されているのはなぜでしょうか。

　私はその理由が２つあると考えています。ひとつは、情報システムを調達するほどではないが、マクロ機能では補完できない作業が多数あって、それらが働き方を見直す上でネックになってきたから、もうひとつは、情報システムやマクロ機能を高度化しようとするとお金が

かかったり、俗人化してブラックボックス化したりしてしまうので、標準化を進める上で頻繁に変更が生じたり、高度な判断が求められたりする機能は別のツールに切り離す必要が生じてきたから、ではないかと考えています。

　いずれにしても、人口減少社会の訪れとともに生産年齢人口は減少し、自治体職員の定数も増やせない将来において、これまで以上の住民ニーズや社会課題解決への取組みが求められる自治体においては、「職員でなくても出来る作業はそちらに任せて、職員でなければ出来ない作業に専念できる環境を整える」必要に迫られているのです。

　このことからも「自治体のAI・RPAへの利用推進」が自治体DX推進計画でも重点取組事項に掲載されたのではないかと考えます。

(2)　大切なのは業務全体に目を向けること

　AIやRPAは民間企業での導入が進んでいます。これまでの民間企業での導入の傾向を外国（欧米諸国）と比較してみると、興味深い差が見えてきます。

　AIにしろ、RPAにしろ、新たなICTツールを導入して、業務を改善するという取組み自体に日本と世界とで差はありません。ただし、欧米の企業はトップダウンでICTツールによる業務改革を進め、ある日突然全社で使うシステムを入れ替えてしまい、現場は新たなシステムに合わせて業務フローを変えざるを得ないという事実が数多くあるそうです。それに対して、日本の企業は現場の意見や改善の取組みを大事にしてきた文化があるので、現場がICTツールを選定するという違いがあるそうです。日本の企業がAIやRPAなどのICTツールに目を付けたのは、業務フローを変えずに改善が図れるからではないかとも言われています。

　先にも述べましたが、業務改善を現場任せにしてしまうと、対象が部門内で完結できる業務に限られ、他所の部門にかかわることは避ける傾向となりがちです。

　自治体も現場の声を大切にしています。先に述べた職員提案制度などはそのひとつの手段かと思います。しかしながら、現場重視と業務フローへのこだわりは別物に捉えなければなりません。自治体でのAIやRPAの導入は、現状の業務フローにとらわれることなく、業務全体に目を向けて取り組んでもらいたいと考えます。

　次項では、AIとRPAの特徴を踏まえて、自治体での導入のポイントを説明しますが、両者に共通してお伝えしたいことは、これまでの業務フロー（やり方）にこだわることなく、業務の本質（あり方）を見据えてツールを選定してほしいということです。究極の話をするとAIやRPAを導入しようとした業務そのものが本当に必要であるのか、なんのためにその業務が存在しているのかまでを突き詰めて、その上でツールによる負荷軽減の方策を考えていただきたいと思います。

2 ▶ RPA活用で変わる仕事のやり方

□ RPA導入の効果を実感することで活用が定着していく。
□ 自治体DXでRPAを活かすためには、業務改善を先に行うべきである。

（1）　なぜRPAを活用できないのか

　RPAは表計算ソフトのマクロ機能と似ているという声があります。ライセンスを持っていれば作ることが可能である点、専用言語に翻訳せずともパソコンに入力すれば直ぐに使い始められる点、深い知識を必要とせずプログラミング知識のない職員でも作成・修正が可能である点など、情報システムよりも手軽で少額から始められることから、小規模自治体であっても取り組みやすいと思われます。

　しかし総務省の「地方自治体におけるAI・RPAの実証実験・導入

状況等調査」（令和2年12月31日現在）によりますと、都道府県では93％、指定都市で90％の団体がRPAを導入済みまたは実証中と答えていますが、その他の市区町村では27％にとどまっているという結果となっており、自治体規模によって導入に対する進み具合が違っていることが伺えます。

　では大規模自治体では活用が進み、小規模自治体では苦戦を強いられているかというと、そうでもない現実があります。私が2020年度に地域情報化アドバイザーとして支援した大規模といえる自治体では、RPAを導入したものの活用する部署探しに困っているという相談を受けましたし、人口1万人の自治体からは、様々な部門からRPAを使いたいとの要求があり、ライセンスの追加を検討しているという相談を受けました。

　大規模自治体では過半数の自治体でRPAの導入が進んでいますし、ライセンスを購入するだけであれば、さほどの経費が必要となる訳ではありません。しかし、先行してライセンスは買ったものの、大規模自治体ゆえに他の自治体とは違った業務スタイルであったり、独自の組織体制で臨んでいたりなど、他の自治体が作ったシナリオ（自動的に実行してほしいパソコン作業の手順や判断の条件などを、RPA製品の機能を用いて具体的に記述したもの）をそのまま使うことができず、主管部門の協力も得られず、「使う職場が見つからない」という、とてももったいない状態となってしまうことも起こっているのです。

　一方、小規模自治体は職員数が少ないため、一人の職員が複数の事業を担っているのが当たり前です。なおかつ情報システムも必要最低限の処理となっており、これまで表計算ソフトを使って前任者が作成したマクロ機能で、メンテナンスに苦労しながら行っていた処理などをRPAで手直しすることで、驚くほどの効果が実感でき、それが他の職員にも伝わることで、ライセンスが足りなくなる状態になるのではないかと私はみています。

（2）　RPA活用の成功ポイント

　総務省のRPA導入ガイドブックによると、RPA活用の７つの成功ポイントがあげられています。今回自治体DX推進とかかわりが深いものとして、「2　RPAと業務に詳しい人でタッグを組むこと」と「4　業務の整理・見直しにより導入効果を高めること」についてお話したいと思います。

　「2　RPAと業務に詳しい人でタッグを組むこと」について、「業務に詳しい人」とは自治体の担当者であることは間違いありません。一方の「RPA」に詳しい人は、自治体の情報システム部門職員である場合やRPA導入の委託を受けた事業者の場合もあります。

　RPAのロボットは、シナリオに沿って動きます。逆に言うとシナリオの内容と違っていると動くことが出来ません。シナリオには「○○ファイルの△行目」「URLアドレス△△の××という項目」といった指示が書き込まれますので、他所で作ったものがそのまま使えることはまずありません。例えば、ファイルサーバにある表ファイルのデータを業務システムに転記するというロボットを取り入れる場合には、そもそものファイルの名前が違っていると「該当するファイルが見つからない」で止まってしまいますし、業務システムを立ち上げる際のIDやパスワードがオリジナルと違えばその先に進めません。業務システムが立ち上がっても、現れた画面が多少でも違っていると転記を止めてしまいます。

　業務の担当者が、元となるファイルにはどのような規則で名前を付けて保存しているのか、どうすればロボットがログイン出来るのか、入力画面のどの部分で該当の画面であることを確認するのか、といった普段職員がチェックしている部分を一つひとつ取り上げて、RPAに詳しいスペシャリストに伝えて、シナリオにする必要があります。逆にスペシャリストがシナリオ作成に困る部分があるとすれば、それは日頃の業務が「ロジカル」になっていない部分です。命名規則が曖

図表 4 　 RPA 導入・運用の成功ポイント

成功ポイント（7箇条）

■主に導入段階のポイント

１ RPA の特性に合った業務を対象に選ぶこと
定型的で大量の処理を繰り返し行う必要があるなど、RPA に適した業務を対象に選びましょう。

２ RPA と業務に詳しい人がタッグを組むこと
RPA の技術的な知識・スキルを習得できる人材（情報政策担当課、外部委託先など）と、
業務の内容・プロセスを理解している人材（業務担当課）で連携可能な体制を組む必要があります。

３ RPA 導入の効果目標を設定すること
RPA 導入で何を目指すのかという目標を定めます。定性的効果もよいでしょう。

４ 業務の整理・見直しにより導入効果を高めること
目標達成に向けて、現状の業務を見直すことが重要です。RPA の導入前に行うことが理想的ですが、
RPA の導入や運用を進めながらでも見直しは可能です。

■主に運用段階のポイント

５ 利用の促進により RPA 導入業務の幅を広げること
RPA 導入業務での経験やノウハウを共有し、横展開をはかることが効果的です。

６ シナリオの保守性を確保し、継承すること
メンテナンスや見直しをしながら長く使い続けられるよう、「シナリオ」の中身を引き継いでいきましょう。
運用体制の確保と人材育成も重要です。

７ RPA の管理・統制に向けた体制を構築すること
全庁的な活用に広げる段階では、管理体制や共通的なルールづくりも行いましょう。

（出典：総務省『自治体における RPA 導入のすすめ』 2021 年、8 頁）

昧であったり、次から次へと出てきた画面に確認もせずに入力していたりなど、担当者が自分にしかわからない業務の進め方をしている部分であり、ミスが起きやすい部分であるといえます。RPA の対象業務となって、業務フローを起こすことは、これまで曖昧であった流れを誰にでもわかる流れにすることにつながります。

　一度作って動かし始めたロボットの作業内容は、ロボットが作業を行うので、次の担当者に引き継がれないことが多く、ブラックボックスとなってしまいがちです。実は数年前から違う名前のファイルにしていたのに、以前のファイル名のデータを移して市民に渡していた、などという失態を犯さないためにも、最初に曖昧な部分をなくして、しっかりとしたシナリオに仕上げましょう。

　「4　業務の整理・見直しにより導入効果を高めること」については、自治体DXの主旨そのものだと考えます。

　ある自治体では、臨時職員が毎朝行っている、Webサイトのある数字を表シートに入力するという作業をRPA化することになりました。私は「一人の職員の作業だけでなく、その前後の行動も踏まえてRPAを導入すべき」と助言したので、その部署では職員が入力したそのシートを誰が使うのかを確認したところ、前任の課長が時々チェックしていたが、現在の課長はその存在も知らず、他の職員も見ることはない、という事実が判明しました。結局その職場では臨時職員が行っていた作業そのものを取りやめて、RPAの導入も必要なくなってしまったということです。

　私はこの笑い話のような事実がRPA導入のメリットのひとつだと思っています。ロボットによって省力化することが導入のねらいではありますが、本来の目的は業務の見直しが図られることだからです。

　どのようなロボットを作るのかを検討する段階で、まず業務をフローチャートに書き出します。業務の見える化こそが、自治体DXの最初の一歩ですので、RPA導入を検討することで、業務がどのように流れているのかをはっきりさせます。それも一人の職員の作業が次にどうなるのかまで書き出すことで、作業のつながりが洗い出され、重複やムダが見つかるのです。

　RPAを導入する際は、効果がありそうだと思った業務の前後のつながりまで見える化して、複数の職員の作業を見直すことから始めてみてください。

3 ▶ AI活用で変わる仕事のやり方

POINT

□ AIを使う場面を考えるのではなく、課題解決にAIが使えるかを考える。
□ どれだけ合っているかも大事だが、どれだけ間違っていないかも考える。

（1） AI導入の実態

AIについても前掲の総務省「地方自治体におけるAI・RPAの実証実験・導入状況等調査」（令和2年12月31日現在）から特徴を見てみたいと思います。

AIも、RPA同様に都道府県では47団体中42団体、指定都市では20団体中18団体が導入済みもしくは実証中と答えていますが、その他の市区町村では34％の592団体が検討さえもしていないという結果となっており、自治体規模によって導入に対する進み具合が違っていることはRPA以上に明白です。

AIの場合はRPAと違って、ライセンスを購入して職員が作るというケースはほぼありません。AIを用いたツールそのものを購入することから、費用は多額となります。たとえ実証事業に手をあげて、補助金によって導入が出来たとしても、その後の維持・保守に係る経費を考えると、小規模自治体では及び腰になってしまうのだと思われます。

総務省の調査結果では、AIの導入パターンを機能別に分類しています。チャットボットを用いた「情報提供」、音声認識や文字認識を用いた「業務ツール」、そしてマッチングや最適解表示などを用いた「業務効率化」の3つのパターンに分類し、「業務ツール」が全導入件数の半数以上を占め、導入が進んでいる一方で、本格的な「業務効率化」

37

に資するAIの導入事例が少ないといえる、とまとめています。

　音声認識や文字認識は、導入が進むにつれて「役所言葉」や「住所欄」の精度が高まり、より導入が進むという好循環が始まったとみていますが、私は先に述べたように「そもそも議事録を残す必要があるのか」といった業務の見直しを伴った上で導入を検討すべきだと思っています。これは文字認識に対しても同様で、AI-OCR（AI技術を取り入れた光学文字認識機能（OCR））を用いて手書き文字の認識を高めることを否定はしませんが、AI-OCRを導入したからといって、申請の電子化を止めてしまったり、申請時の入力項目削減の検討を止めてしまったりしては本末転倒です。

　チャットボットを導入した自治体では、より多くの回答をチャットボットにしてもらって、職場への問い合わせが減るように、職員がFAQをドンドン増やしている、といった好事例が報告されているように、音声認識や文字認識においても、バリアフリーの問題解決や多様性への対応など、課題解決の手段としてAIが活用できないかという視点でAIの導入を考えていただきたいと思います。

（2）　導入事例から学ぶ

　今後のAIを用いた自治体DXの取組みを考えると、本格的な業務効率化に資するAI活用の方策を探る必要があります。

　総務省の2020年度「自治体AI共同開発推進事業」では、AIを活用した3つの実証事業が実施されました。私は「自治体AIクラウド化検討会」の有識者として実証の報告会に参加しましたが、3つの実証それぞれに自治体の業務効率化に資する要素が盛り込まれており、今後に期待が持てる内容となっていました。

　3つの実証のうち、前橋市を中心としたグループが行った「固定資産税業務における航空写真AI解析クラウド実証」について解説したいと思います。実証事業の概要は「固定資産税事務で、航空写真データをAI解析し、課税客体把握事務の業務効率化を目指す。また、こ

　れら実証内容をクラウド上で実証する」というものです。

　自治体にとって固定資産税は重要な収入源（普通税）で、住民税とともに一般財源を支えるものです。固定資産のうち、土地と家屋については、正確性を期すために毎年のように飛行機によって撮影した航空写真を用いて、課税台帳との付け合わせや前年との比較での対象物件の移動を見つけています。これら人の目による作業を AI に行わせ、職員の負荷軽減や委託費の削減、課税対象物件の漏れを防いで税収入の増加などにつなげたい、などの期待をこめて実証が行われました。

　実際の AI による処理の流れについて説明を受けましたが、人の目ではさほど難しくない田畑と荒地の違いや航空写真から高さや色を判別させるために、様々なデータを読み込ませる必要があること、一自治体のデータでは正解率が高まらないことなど課題は見つかりましたが、人が行うよりも短時間で結果を出すことができるという成果はありました。

　今回の AI 実証では、2 種類のディープラーニング（深層学習：人の代わりに物事の特徴を発見する機械学習の中でも、複数の層で判断を行う高い技術）を組み込ませました。ディープラーニングでは、正解率のほかに「適合率」と「再現率」という指標を用いて性能を評価します。簡単に言うと、「適合率」とは求めたいものを見つける確率で、「再現率」とは求めたいものを見逃さない確率です。この実証では、課税対象となる物件を見つけることが大事ですので、もしも AI が課税対象でない物件を課税対象と判断してしまっても、課税対象となる物件は全て含まれていることが重要だということです。

　高価な経費を使って導入する AI ですから、100 点満点に近い成果を期待する気持ちは理解できます。しかしながら、どんなに優秀な職員でもミスは起こします。完璧を目指すのもいいですが、間違えない・見逃さないといったフォロー体制で補う方法も考えていただきたいと思います。

図表5　固定資産税業務における航空写真AI解析（前橋市）

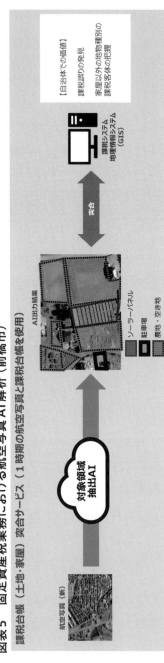

課税台帳（土地・家屋）突合サービス（1時期の航空写真と課税台帳を使用）

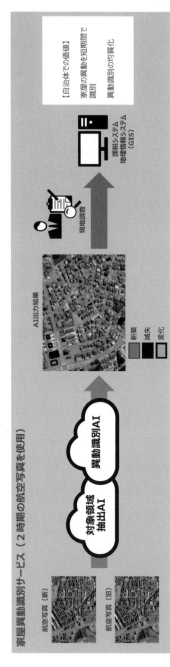

家屋異動識別サービス（2時期の航空写真を使用）

（出典：総務省「令和2年度　地方公共団体におけるAI活用に関する調査研究（自治体AI共同開発推進事業）自治体におけるAI活用・導入ガイドブック＜実証要点まとめ編＞クラウドAIの利用促進に向けて」2021年、12頁、図2、一部改変）

4 ▶ 総務省の実証を通して見えてきたこと

- □ 「RPA-2000個問題」を発生させないためにも業務の見直しが必要である。
- □ 完璧を求めすぎる自治体は恩恵を得られない。

（1） 従来の業務がベースでは導入は進まない

　総務省では、平成30年度第2次補正予算で盛り込まれた「革新的ビッグデータ処理技術導入推進事業」として、2019年度にAI標準化とRPAの導入補助を実施しました。AI標準化は2020年度には先に述べた「自治体AI共同開発推進事業」として継続しましたが、RPAの導入補助については、2019年度に都道府県から5万人未満の町に至るまでの82団体を採択したものの、2020年度はガイドブックの策定を実施しましたが、導入補助は継続しませんでした。

　RPAについては、他の自治体で作成したシナリオがそのまま使える訳ではなく、業務の標準化が進んでいない現状では共同で作成するのも困難な状況にあります。総務省委員として、2019年度の導入補助事業の提出書類を拝見しましたが、最も経費がかかった部分は、RPAのライセンス購入費でもサーバ構築費でもなく、庁内調整を行ったり業務担当者とシナリオを一緒に作ったりなどといった業務委託経費だった、という結果でした。

　2020年度も同様の補助を行えば、自治体は自分たちの業務スタイルを変えることなく、繰り返し処理を行っている作業を探して、高い委託経費を払って、その部分のみのロボットを作ってしまうのではないかという不安がありました。

　ところで、個人情報保護法制2000個問題といわれる課題が顕在化していました。これまでの個人情報保護法では、自治体はそれぞれが

条例を制定することとなっており、国の法律や広域連合などの団体の条例も合わせると全部で2000個近くの個人情報保護の法律・条例が乱立していることになり、それぞれに考え方が違うので、データの流通やオープン化が進まない阻害要因になっていました。

　個人情報保護法の問題とは性質は違いますが、AIやRPAも、放置すると1780以上の独自のものが出来上がってしまいます。

　ある自治体が業者と組んで行った、保育所入所選考業務でゲーム理論を用いたAIに入所判定を行わせた取組みは広く知れ渡りました。データ入力が終了した後、わずか数秒で数千人にも及ぶ入園希望者の判定を行うことができ、その結果を職員が確認したところ、職員が行った結果と変わらなかったということです。

　まさに本格的な業務効率化に資するAI活用の取組みではないかと思いますが、いくつかの自治体にお勧めしたところ、「うちは採点方法が違うから」「落選者からクレームが来た際の対応が取れないから」などと言われてしまいました。

　自治体DXに取り組むには業務の見直しが必然であるのは、このような事態に陥らないためでもあります。

（2）　AI・RPAに頼れる業務は必ずある

　AI・RPAについてはもうひとつお伝えしたいことがあります。それは、AIやRPAを使う作業は全ての職場に存在するといっても言い過ぎではないということです。

　私のようなフリーのコンサルタントでも、3年も営業活動を続けていると、毎年繰り返している同じような作業が多数みつかります。見積書は年に数枚、請求書は毎月数枚、口座情報はさらに多くの書類に入力しますし、住所やメールアドレスは数えきれないほどです。また、何度も同じ情報を確認することもあります。（この原稿を執筆するために自治体DX推進計画を何度検索したことか…。）

　自治体職員は幸せなことに、これらを自動化してもらえるのです。

繰り返し入力するものは、たとえ年に数回でもRPAを使って無償で自動化できます。グループウエアにAIチャットボットを導入すれば何度も調べることを一瞬で返してくれます。どちらも組織として最初に導入してしまえば、職員は使い放題です。私からすれば羨ましい限りです。

　地方公共団体情報システム機構（J-LIS）の情報セキュリティメールマガジンを読んでいると、自治体での情報セキュリティ事故が後を絶たないことを感じます。特にインパクトに残るのは情報漏えい事故です。私は情報セキュリティの仕事も担っているので、特に自治体の事故発生後の動きが気になります。事故を起こした多くの自治体がホームページに事故の経過と今後の対応を掲載しますが、それを読むと「今後は再発防止のために職員のチェックを強化します」という一文を多く見かけます。あまりにも多くの自治体が同様の表現を使うので「本当に再発防止に努める気があるのか？」とかえって心配になります。

　ただでさえ職員数を維持しつつ、多様な住民ニーズに応えなければならない自治体職員に、これ以上「読み合わせ」や「ダブルチェック」をさせて効果が上がるのでしょうか。

　このような事故防止にもRPAは役立ちます。ミスは「転記」や「目視」といった単純な作業で起こりやすいことは誰もが認めるのではないでしょうか。それをロボットにやらせてはいかがでしょうか。

　彼らは24時間休まず、不満も言わず、確実にチェックし続けてくれるのです。

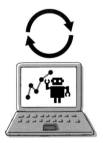

第2章

ICTツール導入
−その成功のカギ

<table>
<tr><td>第 1 節</td><td>なぜ導入しても効果が出ないのか</td></tr>
</table>

1 ▶ ICT ツールとはなにか

□ DXの考え方では「業務システム」と「ICTツール」は違う。

□ ICT ツールは業務主管課の判断だけで調達してはいけない。

第1章では「自治体DXはICTツールの導入とイコールではない」と述べました。一方で「『できない』と考えていた業務改善を『できる』に変えるのがICTツール」だとも述べました。ここでもう一度、自治体DXとICTツールとの関係を整理しておきたいと思います。

これまで説明してきたように、自治体DXは「自治体の業務を変えること、それによって人的資源を行政サービスのさらなる向上につなげていくこと」だといえます。しかしそのことは、自治体内部では長年にわたって取り組んできた「当たり前」の姿勢でもあります。

これまでは「当たり前」として取り組んできても、変えられない部分があったのでしょう。しかし、それを大きく変える機会が今、ICTツールによってもたらされようとしているのです。これまで難しいと考えられていた業務改善を可能にするのは、新たに出てきた（くる）ICTツールなのです。

これまで通りに行わなければならないと思っている業務でも、ICTツールを活用することで、新たな手順・違った流れで行うことを可能にするのが「自治体DX」の考え方なのです。

（1） 業務システムと ICT ツールの違い

　私のところには「業務システムと ICT ツールは違うのですか」という質問が寄せられます。これまで紙や電卓を用いて進めていた業務を、コンピュータを使って進めるという点では、業務システムも ICT ツールのひとつであることに違いありません。

　しかし私は、これまで自治体に導入されてきた業務システムには大きな問題があると捉えています。それは導入までの経緯や経過をみることでわかってきます。

　汎用コンピュータが商品化される前の昭和40年代までは職員の手作業によって行っていた計算業務が、汎用コンピュータを導入することで、瞬く間に計算が終わるようになりました。また、オンライン処理も可能となることによって、税や給与といった大量計算業務だけでなく、住民記録や国民健康保険といった台帳作成業務もコンピュータで処理できるようになりました（電子計算機によるシステム化＝電算システム）。

　私は豊島区に入庁して最初の配属となった国民年金課で、最初は窓口業務を担当したのですが、「若いから」という理由で、電算システムの開発担当に変更となりました。

　そこで行っていたのが、自分たちの業務をフローチャートに落とすことでした。○○担当という当時の業務の割り振りをそのままメニューとして分類し、メニューごとにフローチャートを作成していきました。当時としては、申請1件ごとに計算処理をしていたものを、一定期間申請をデータ化した上で一気に計算処理を行う、といった流れの変化はあったものの、原則は担当者が行っている処理をコンピュータが処理するように変更していったのです。

　西暦2000年前後には、ハードウェアとソフトウェアの分離が進み、業務システムも汎用コンピュータからサーバへ、自前システムからオープンシステムへと進化してきましたが、原則であった担当者が

行っている処理をシステム化することに大きな変化はなく、ベンダーといわれるシステム構築事業者が作り上げたパッケージソフトも、自治体と共に作り上げてきたフローチャートをベースにプログラムが組まれていますので、業務を変えるという視点からみると、大きな変化は生まれませんでした。

　つまり、人手によって行っていた業務を一瞬で処理することが可能となる汎用コンピュータの出現により、自治体は大きな予算を使ってでもそれを手に入れて、人的資源の余力を生み出すという、見合う効果を生み出せていましたが、その後はダウンサイジングといって、情報資産の価格を下げることによる財政効果を生み出す方向となり、人的資源を生み出すことは思うようにいかない時代が続いてきました。

　しかしその後に、クラウドコンピューティングという概念が発生し、情報システムは作り込む時代から利用する時代へと変化する中で、担当職員が入力するのではなく、申請する側が自ら入力するという考え方に変わってくると、コミュニケーションを重要視したICTツールが注目されることとなります。

　業務システムとは、アナログ時代の担当者の業務をそのままシステムに置き換えたもの、一方でICTツールとは、担当者の業務を細分化して、一部を自動化したり申請者に入力させたりなど、職員配置のあり方を変える可能性を秘めたものではないかと考えます。ICTツールの活用は、汎用コンピュータの出現以降はなかなか進めることが出来なかった人的資源の創出を可能にすることといってもよいでしょう。

（2）　ICTツールの導入にかかわる部門

　業務システムの導入に際しては、税務課などの主管部門の主導が必要でした。主管部門自らが、自分たちの人的リソースとシステム導入費とを比較して、システム導入のほうが優れているという判断基準に基づいて、システム化する業務範囲を決めていたのです。その裏には、

組織の統廃合をほとんど考えていない、組織ありきの人的資源の再分配があったのではないでしょうか。

　一方でICTツールの導入は組織ありきではないことは、これまでの説明からおわかりいただけると思います。

　例えばある部門で新たな会計処理が発生した際に、自治体の財務会計システムに組み込むまでの労力は必要ないが、手作業で行うのは大変だからと、会計処理ソフトを予算要求します。ほとんどの自治体では財務部門と主管部門との調整で会計処理ソフトを入れるか否かが決まってしまうと思いますが、真に自治体DXが進んでいる自治体では、そこにDXの担当部門が絡むことによって、本来の財務会計システムとの連携が図れるのか、他にも同様の問題を抱えている部門はないのかなどを調べて、組織として会計処理ソフトのライセンスを調達して、必要な部門に配るという処理をするでしょう。

　たかが年間数万円のライセンスかもしれませんが、同一ソフトであれば、職員の異動があっても、以前そのソフトを使っていた部門から後任者が来ればスムーズに業務を進めることができるのです。なによりも財務会計システムとの連携やパソコンOSのバージョンアップへの対応など、周辺システムとの連携保守を主管部門が行わずに済むというメリットがあります。

　このように、ICTツール導入については、発案は誰が行っても構いませんが、自治体DXの担当部門を巻き込んで検討をすべきだと考えます。

2 ▶ 個別最適と全体最適

□ 誰かが不便になるのなら、それは個別最適であり適切
とはいえない。
□ 最初から全体最適はありえない、全体最適に「仕上げる」
のである。

　私は豊島区のCISO（最高情報セキュリティ責任者）として、担当課にお願いして、新たにICTツールを導入したいという企画要望や予算要望には全て目を通させていただきました。それには理由があります。

　もちろん、私がいきなり判定を下すわけではなく、情報管理の担当課職員が分担に従って事前チェックをするのですが、要望を通せない理由としては、豊島区では動作保証が出来ない製品や情報セキュリティポリシーに反する製品といったことのほかに、「全体最適に反するから」というものもありました。

　前者には、要望を上げた部門も納得してくれるのですが、後者の理由で要望を通さない場合には、得てして納得が得られずに、相手方の課長などと打ち合わせをすることとなりました。

　要望した部署からすると、そのツールは業務に欠かせないものであり、いくつかの製品を比較検討した上で選定したという経緯もあります。全体最適に反するという曖昧な理由では納得がいかないのは理解できます。全体最適か個別最適かは、所属を越えた俯瞰した視野が必要です。説明もなく彼らにそれを解れというのは無理なことはいうまでもありませんので、ここはていねいに説明する必要がありました。

（1）　ツールを全庁共通の財産にする

　こんな事例がありました。建築部門の課から新たな地理情報システ

ム（GIS）を導入したいという要望が出てきました。情報管理の担当課からはすでに導入済のGISがあるのでそこに入力すればよい、と回答しました。しかし、それでは質的に問題があるといった反論があり、私が引き取って先方の課の課長を交えて話し合いました。その結果、要望のあった新しいツールは入力用に2ライセンスだけ契約し、入力したデータは導入済のGIS上に表示できるようにすることで、折り合いをつけたのです。

　導入済のGISで処理できないからといって新たなGISを使い始めてしまうと、そのデータは処理したGISでしか見られなくなります。処理したデータを見たい課は今回要望した課だけではないかもしれません。また今はそうであっても、新たな制度ではそのデータが必要になるかもしれません。導入済のGISの最大のメリットはひとつの地図上に様々な情報を重ね合わせることができることで、気が付かなかったことが見えてくることにあります。

　私はその点にこだわりました。新しいツールを用いないと出来ないことがあったとしても、そこで扱う情報も組織全体の財産だということです。組織としてこの（導入済の）GISを使うことを決めた以上、そこに欲しい情報がないことは見たい職員からすれば不便です。誰かひとりでも不便を感じるICTツールの導入は全体最適とはいえません。

（2）　データ共有することで価値が生まれる

　豊島区の導入済のGISは完璧だったのかといえば、そうではありません。不満を漏らす職員もいました。

　しかし、このGISは全体最適のコンセプトに沿って、全ての部からデータが集められていましたし、全ての職員が参照できるようになっていた点は自慢したいと思っています。まだまだその良さに気づかず、自分の所属で持っているデータをアップしなかったり、電話で所管課に問い合わせたり、市販の地図を買い続けていたりなど、課題はあり

ましたが、ツールを中心に全ての職員が便利だと感じることが出来る
姿を目指していたのです。

　豊島区の事例に限らず、自治体では同様のツールを複数導入して利
用している実態が見受けられます。GISに限らずCAD（製造支援）
ソフトであったり、会計処理ソフトであったり、給与計算ソフトであっ
たり、上げればキリがありません。もちろん、複数の製品が導入され
ていることを非難する気はありません。どんな製品にも一長一短はあ
ります。

　注意しなければならないのは、主管部門が製品を選ぶ段階では、デー
タ連携は二の次になってしまう傾向が強いという点です。ひとつの基
盤の上でデータが流通できること、職員が必要と思った情報を人に問
い合わせることなく自分で探し出せること、これが全体最適ではない
かと思っています。

　職員が職務上必要なデータを探し出すのに、他の部門に問い合わせ
なければならないという状態は明らかに職員にとっては「不便な」状
態です。たとえ問い合わせ先の部門ではICTツールで瞬時にデータ
が出てくるとしても、「不便だ」と感じている職員がいる限りにおいて、
そのICTツールは「個別最適」です。データを必要としている職員
が自らデータにたどり着ける、これが全体最適な状態です。

　自治体の歴史から見ると、ICTツールの導入などつい最近のことで
す。焦らずに全体最適を目指していきましょう。

3 ▶ ICTツールは道具であって完成品ではない

□ 情報システム部門に完成品は作れない。
□ 完成品が出来上がらないのが良いツールである。

　全体最適は一朝一夕に成しえない、ということと似ているかもしれませんが、ICTツールは道具であって、完成品ではないということも頭に入れておいてください。

　最近はITベンダーと呼ばれる事業者と一緒に自治体に伺うことがあります。その時に自治体職員から「○○市が導入している△△という製品が評判だから見積りを頼む」といった会話になることがあります。その場で話の腰を折ってしまうわけにはいきませんが、心の中では「ツールが入れば課題が解決すると思っていますか？　それでは痛い目に遭いますよ」と思ってしまいます。

（1）　他所での実績をそのまま流用できるとは限らない

　最近ではスマホに自治体のアプリをダウンロードして、市民が普段目にした道路の陥没箇所などや街路樹で標識が隠れている場所などを写真に撮ると、役所は位置情報を元に素早く対処する、というツールが評判を呼んでいます。

　アプリの自治体名を変えたり、キャラクターを変えたりすることは問題なく出来ますので、このツールを調達すれば、直ぐに運用が開始され、市民満足度が向上するのではないか、と考えるかもしれませんが、ちょっと待ってください。

　他所で実績をあげたツールを導入したからといって、それだけで課題解決が実現するほど単純な話ではありません。

　上記の例でいえば、市民協働の部門がそのツールの所管になることが決まっているとしても、ツールから届いたデータをどのように担当

所管に送るのか、担当所管は作業の進捗をどのように管理して、終了したという結果は誰が入れるのかなど、決めなければならないことは山のようにあるでしょう。さらにはアプリをどうすればダウンロードしてもらえるのか（周知・認知）、いたずら対策はどうすればよいのか（不正防止）、投稿者を特定してもよいかどうか（情報保護）など、専門知識が必要とされる事柄について、検討の場を設ける必要も出てきます。これらをないがしろにして運用を開始してしまうと、市政に関心の高い市民の通報が生かされない結果となるおそれもあり、そのためにアプリの評判を落とし、誰も使わなくなってしまう、という悪循環に陥ってしまう危険性もあります。

　せっかく上層部を説得して予算を獲得して、調達や広報に力を入れても、バックヤードの不備により、使われないどころか自治体の評判を下げてしまっては目も当てられません。

　ここまで読んでいただければ、ICTツールを一部門で導入しても、周囲のサポートがなければ成果が上がらないことを理解していただけたと思います。

　「他の自治体で導入した決裁システムやコミュニケーションツールを調達したけれども、なかなか軌道に乗せられない」という相談を受けることがあります。他の自治体でどれほどの成果をあげたシステム・ツールでも、利用者である当該利用自治体の職員の協力なしには成果は出せません。ICTツールだから、情報システム部門が調達して運用を考えればよい、という訳ではないのです。

　特に多くの職員が利用するグループウェアや内部情報システム、コミュニケーションツールなどは、利用する職員がその存在価値を認めて自ら使ってくれるとともに、その良さを職場の同僚や関係者に伝えてくれることで、利用頻度も高まり、有効な使い方などを紹介する職員が現れるなど、好循環が生み出されてきます。

　今後は自治体DX部門が中心となり、ICTツールに関する職員アンケートの実施や、ICTツール内のFAQの閲覧履歴を調べるなど、利

用者である職員の声を集めて分析することで、どのような運用ルールを作るとより使ってもらえるのか、どうすれば導入時の課題解決にツールを役立てられるのかを検討すべきです。

(2) ICTツールは変化していくもの

そしてもうひとつお伝えしたいことは、よいICTツールは「完成する」ことはあり得ないということです。

これまで電算システムとして業務システムの導入が主であった自治体職員には、運用が始まることが「完成する」ことであったと思います。要件定義・設計・プログラミング・テストを経て、担当職員が本番のデータを入力する「カットオーバー」によって、システムの導入は終わり、保守のフェーズに移るわけですが、良いICTツールを用いて構築したシステムは、それ以降も日々進化を遂げることが可能となります。

これまでの業務システムでは「カットオーバー」後に修正したいと思っても、それが設計書に盛り込まれた項目でないと、「カスタマイズ」として、別の費用を請求されます。お金のことは抜きにしても、再度プログラムを修正して、影響のありそうな部分について全てテストを行って、と非常に手間がかかるために、情報システム部門からすると「カットオーバー前ならともかく、今は要求は飲めません」と断りを入れることとなります。担当職員は不満を溜めこんだままシステムを使い続けることとなります。

それに対して、良いICTツールでは、画面や帳票のレイアウトを変更したり、データへのアクセス権限の変更が出来たりなど、ユーザーである自治体側にかなりの修正がかけられるように設計されています。つまり、担当職員での利用が始まった後から気が付いたことでも、職員の手によって修正することが可能となっているのです。

当然、知識の浅い職員が勝手に修正して他へ影響を与えてしまうことがないよう、修正は情報システム部門の職員などが行うべきと考え

ますが、一度出来上がったものが直せない業務システムとは違って、組織改正や法改正に対しても職員が対応できることで、様々なチャレンジも可能となります。

このように書くと「結局自治体ごとにバラバラになってしまうのでは」という指摘を受けそうですが、ユーザーである自治体側で修正が可能な箇所には限りがあります。グループウェアにしろコミュニケーションツールにしろ、スケジュール入力のコンセプトやチャット機能そのものに手を加えることは出来ません。ただし、他職員のスケジュール参照の権限やチャットにどのようなファイルを添付できるかなど、組織のポリシーに合わせて組み合わせることが出来るような機能について、ツールによって差があるのです。ツールの選定に際しては、このような点も考慮していただきたいと思います。

これから、時代のニーズや組織を取り巻く環境が今以上に早いスピードで変わっていきます。本番の運用が始まっても組織のポリシーなどの改訂に合わせて修正が可能となるよう、そうした視点を持ってツールを選んでいきましょう。

4 ▶ 課題だらけのICTツール調達

□ 入札にすべきかプロポーザルにすべきか、それぞれポイントがある。
□ 自治体DXは調達の改善から始まる。

ここまでICTツールについて、いろいろと述べてきましたが、角度を変えて、ICTツールの調達についても考えてみたいと思います。

自治体に29年間勤めていた時にはあまり考えなかったのですが、民間人となって、ICTツールの調達だけを考えても自治体ごとに違いがあることに気付きました。自治体には契約事務規則や会計事務規則

があり、それに則った運用をしていると思いますが、自治体DXを進めるに当たっては、これらの見直しも必要になるのではないかと考えるようになりました。

(1) 業者登録をめぐる課題

　まずは業者登録の問題から考えてみましょう。

　最近「渋谷ビットバレー」や「五反田バレー」といったカリフォルニア州のシリコンバレーのようなICT企業の集積が日本のあちらこちらで見られるようになってきました。スタートアップと呼ばれる起業間もないICTの事業者が、情報交換をしながら、自分達が開発した製品が社会に認められるよう、切磋琢磨しています。

　中には渋谷区が渋谷ビットバレーの代表企業と連携を始めたという素晴らしい事例もありますが、全国で見ると本当にまれなことです。なぜかというと、自治体では信頼のおける事業者との契約が前提とされ、業者登録をしないと契約を交わすことが難しいからです。

　業者登録は原則それぞれの自治体と行わなければならず、財務諸表や納税証明書といった書類の提出だけでなく、例えば東京都の例でいえば電子入札に参加するための指定の電子証明書の取得が求められます。非常に多くの時間とお金を費やして、ひとつの自治体に登録したとしても必ず契約がもらえる訳ではありません。ましてや、自治体によってはある一定の期間にしか業者登録が出来ないので、担当者と話しが進んでも、一年先まで契約は出来ない、などということもあるのです。

　東京電子自治体共同運営協議会が実施する「東京電子自治体共同運営サービス」の「電子調達サービス」という制度では、参加している東京都内の複数の区市町村及び一部事務組合に対しては、一回の申請で複数自治体の入札参加資格の登録ができますが、このような事例は少なく、事業者は自治体ごとに業者登録を行っているのが実情です。

　これではスタートアップ企業が素晴らしい製品を開発したとして

も、自治体がその企業と契約することは容易にはできません。お付き合いのある事業者を通して調達することは可能ですが、その事業者にそれなりの手数料を払うこととなります。

　このような状況のままでよいのでしょうか。東京都港区では「小規模事業者登録制度」があり、少額の契約については、こちらへの登録で済む仕組みを持っています。せめてこのような制度を創出しないと、いつまで経っても同じICT事業者としか話が出来ないこととなってしまいます。

(2)　業者選定をめぐる課題

　業者選定の方法にも問題はあります。

　自治体職員から受ける相談には「どうすれば意中の事業者と契約できるか」という内容が多数あります。この答えについては第4章で述べますが、問題は「これまで提案を受けてきた事業者と簡単に契約ができない」という事情があるのです。

　自治体の調達は、大きく「工事」と「物品」とに分けられます。ICT関連の調達はほぼ「物品」に該当します（そもそもこの分け方にも問題があると思っていますが、ここでは触れません）。「物品」を調達するには、より良いものをより安く手に入れることが重要です。このことから、原則入札が前提になるのでしょう。

　しかしながら、ICTツールは道具とはいえ、文房具などと一緒にはできません。文房具についても、こだわりを持っている職員はいますが、ICTツールはそれと同じわけにはいきません。文房具であれば、自分の好みのものを自分のお金を出して使うことは可能ですが、ICTツールは多くの職員が使うものです。自分用に買う訳にはいきません。

　私は入札を否定してはいません。ソフトウェア単体の調達などであれば、指定理由をしっかり書いて、製品指定で入札すればよいのです。しかし、自治体職員は指定理由を書くことにためらいがちではないかと思います。契約部門が反対するから、という理由が多いのですが、

契約事務規則に記載されているのですから、堂々と行えばよいのです。契約部門を説得できないのは、指定理由が曖昧になっているからではないでしょうか。誰もが納得できる理由を考えましょう。

　そもそもどのようなツールを入れたらよいかを迷っているのであれば、それはためらうことなくプロポーザルにすべきです。

　そもそもプロポーザルは提案を競い合わせるものです。自分たちの課題をどうすれば解決してくれるのか、そのためにはどのようなツールやシステムを導入すればよいのか、事業者が考えてきた内容を比較検討することは大いに行うべきだと思います。

　ただし、プロポーザルには時間と人手がかかります。ICTツールの調達はプロポーザルが相応しいと考えている人もいますが、私は提案を比較したいのであればプロポーザル、これを導入したいと決まっているなら入札と使い分けるべきだと考えています。

　自治体の調達には公平性が大事だということは、職員であれば十分承知しています。それ故に様々な事例を元に、多くの事業者から情報を集めて比較検討するのです。

　職員が比較検討した結果を上司はしっかりと聞いて、その上でさらに事業者から提案を求めるのか、そのシステム・その事業者で間違いないと考えるのか、また、提案を求めるのであればプロポーザルの準備を一刻も早く始め、そのシステムで間違いないと判断したのであれば、指定理由を一緒に考える、これが上司の役目だと考えます。

　自治体職員と話をしていると、「うちは原則プロポーザルなのです」とか「指定理由を考えても契約担当がダメだというので…」といった言葉を聞きますが、本当にそうなのでしょうか。職員はもっと自分の判断に自信を持ってもよいように感じます。

　自治体DXを進めるに当たっては、自組織の調達のあり方を見直してみてください。これまで成果が上がらなかった理由は、意外にも調達過程にあったのかもしれません。

<table>
<tr><td>第 2 節</td><td>自治体での導入事例から
学ぶ</td></tr>
</table>

1 ▶ 「全体最適」を実現するICTツール導入事例

□ グループウェアこそが自治体のデータ保管庫となるべきである。

□ 電子決裁はペーパレス化よりも検索性の向上に努めるべきである。

　ここからは、私が豊島区役所に勤務していた時代の話を中心に、自治体でのICTツール導入の事例を紹介したいと思います。

　私は1996年度から2002年度までの7年間、情報管理課でホストコンピュータの西暦2000年問題や庁内LAN敷設といった仕事を務めた後、2年間保育園課で保育行政に携わりました。ここでご紹介する事例は、その後の2005年度から2015年度までの11年間のことになります。

　私が2005年4月に古巣の情報管理課に戻った時、2年間の間に情報化が大きく進んだことに驚きを隠せませんでした。2年前まではホストコンピュータによる電算処理業務が中心（主役）で、それまでのワープロに代わって配置が進み始めた庁内LANのパソコンは、インターネット検索が出来る便利な事務機器程度であったのです。それが、2年の間に主役が大きく変わったといっても過言ではない変わり様でした。

　庁内LANのパソコンが各職員の机の正面に置かれ、業務を進める上では欠かせないものになり、ホストコンピュータの端末機が机の脇

に置かれるようになっていたのです。ワープロとの大きな違いはファイルサービスによって、職員が作成したファイルをサーバに保管することで、他の職員が別のパソコンから開くことが出来たことです。

そして、情報共有はさらに進み、掲示板機能やスケジュール機能が搭載されたグループウェアによって、情報というものが誰のところにも同時に到達できることを感じ始めた頃、豊島区役所に新しい庁舎建設の話が出てきました。

豊島区役所の庁舎建設計画が持ち上がり、基本構想を作る年に私は情報管理課の課長となりました。程なく区長から「庁舎移転を機会に職員の働き方を変えて欲しい」との命を受けました。区長は区役所に登庁する際、エレベーターホールから執務室に入るまでに複数の課の前を歩きます。区長はそこで目にした職員の状況から、「職員にはもっと区民の声に直接耳を傾けて欲しい」、そして「庁舎移転を機会に職員の働き方を変えて欲しい」と指示されました。

もしかしたら区長は私に、「情報管理課長だからといって、システムの事ばかり考えないで、広い視野を持ちなさい」というアドバイスをされたのかもしれません。しかし私は「職員の働き方を変える」という言葉に、私の使命を見出してしまったのです。

(1) 課題解決とグループウェアの情報共有ベース化

当時、情報管理課は2つの課題を抱えていました。ひとつは庁内LAN用のパソコンが足りないという声への対策、もうひとつは内部情報といわれる「文書管理」「財務会計」「人事給与」「庶務事務」といったシステムの導入要望への対応です。

この課題を解決するため、私が情報管理課の係長であった時に「豊島区行政情報化実施計画」を策定し（2006年）、パソコン増設に伴うネットワーク増強や内部情報システムの導入についての年次調達を確約していました。この2つの事業と、区長から言われた「職員の働き方を変える」ことを同時に達成するために、2つの対策を考えまし

た。

ひとつは「仮想化技術を用いて職員が使うパソコンをひとつの基盤上に集約すること」であり、もうひとつは「導入した内部情報システムを連携させて、徹底的に使ってもらうこと」でした。

「仮想化技術を用いて職員が使うパソコンをひとつの基盤上に集約すること」とは、それまでは庁内LANのパソコンだけでなく、住民情報系のパソコンや人事情報系のパソコン、建設・土木用のパソコンなど、それぞれでネットワークを組んで専用のパソコンにログインして情報を扱っていましたが、それを庁内LANの基盤上に統一して、仮想化技術を使うことで、庁内LANのパソコンからそれぞれの情報にアクセスできるようにしたのです。加えて、情報セキュリティも安心な仕組みを作りました。これにより、全ての職員が同じネットワークにある情報にアクセスすることが可能となりました。

もうひとつの「導入した内部情報システムを連携させて、徹底的に使ってもらうこと」については、文字通り決裁の仕組みを文書管理や財務会計などで共用するとともに、人事異動や新規採用があった際にも、人事システムに入力することで、それぞれのシステムに反映する仕組みを構築しました。さらには職員証をICカードにして、ICカードに格納された職員番号をキーにして、自分の所属や職責と紐づけました。これにより、パソコンにログインしてから、その都度ICカード情報を読み取ることで、入力の手間を省くようにしました。

そして、この2つの仕組みの連結ポイントを課長になった年に導入したグループウェアとしたのです。全ての職員が同じネットワークに参加するのですから、パソコンを立ち上げた際にグループウェアが立ち上がる仕組みとしました。パソコンのデスクトップは使えないようにしてしまったのです。

職員は、職場でパソコンを立ち上げると必ずグループウェアを見ることとなります。決裁権者にはそこに「未決済」の処理があることがわかる仕組みを作りましたし、「未読」のメールや掲示板サービスが

あることもわかります。職員はこのグループウェアから各自の業務を立ち上げて事務を行います。住民記録や税務の職員もグループウェアのアイコンからマイナンバー系の仮想デスクトップを立ち上げて、業務を始めるのです。

このグループウェアに情報を集約することに苦心しました。

開始当時は紙での回覧もまだ残っていましたので、事務連絡などが紙で回ってきた際には、それがグループウェアに掲載されているかを確認し、掲載が見当たらなければ、所管の課長に連絡を入れて、グループウェアに掲載するように頼みました。会議の資料もマニュアル類もグループウェアに掲載するよう仕向けることで、グループウェアで検索をかければ欲しい情報にありつけるという状況を生み出すように働きかけたのです。

この徹底こそが、情報を紙で持っていようという気持ちから、グループウェアで探せばいい、という気持ちの切り替えにつながったのだと思います。

当然グループウェアにはスケジュールや掲示サービス、アンケート機能など様々な機能がありますので、それらを活用することも大事です。しかし、基本はグループウェアが「情報共有のベース」だということです。職場に来たら必ずグループウェアをチェックする、という習慣付けが出来れば、情報共有は自然と進むと思います。

（2） 紙からの脱却を目指す

決裁の電子化についても、開始当時から徹底させました。当時は文書の流通が紙で行われることも珍しくなかったので、決裁システムの導入に当たっては、ルールを作成して職員に周知しました。

豊島区では複合機を庁内LANのプリンターとしていたこともあり、紙の枚数が50枚以内であればスキャンして電子化すること、A3までの図面などもスキャンすることなどのルールにより、決裁の電子化を進めました。

　なによりも大きかったのは、区長が「区長決定の文書については、電子で決裁を回すこと」という通達を出したことです。これによって、紙による決裁にこだわっていた管理職員も電子化に従ってくれるようになりました。

　とはいえ、決裁文書には冊子のような形態のものもありますし、建設・土木系では大きな図面で納品される案件が多数あります。豊島区では、電子化することにこだわったわけではありません。それよりも、数年後の担当者が検索しやすくすることに重きを置きました。

　発議簿や収受簿をシステム化して、番号の払い出しは必ずシステムから行うこととします。すると鑑文と呼ばれる部分がシステムに入力できるようになりますので、そこに案件名や相手先、意思決定の内容などを入力します。それをプリントして決裁を受けるという方法もありますが、豊島区ではシステムで決裁を回し、電子化できなかった文書を持って回るという方式にしたのです。

　このことによって、鑑文の内容のみならず、誰がいつ決裁をしたのか、その時にどのような補足があったのかなどがシステムに残ります。庁舎移転後は、電子化できなかった文書について、どこに保管してあるのかをシステムに入力してきましたので、担当者が異動しても後任者は問題なく探すことができます。このようにして決裁文書の検索性を高めたのです。

　先に述べたように、電子化にそぐわない文書もありますので、決裁の電子化が必ずしも完全なペーパレスに直結するわけではありません。（なお、図面に関しては電子で納品されることが増えましたし、拡大縮小が可能な電子の方が見やすいという職員も増えました。）しかし、決定までの手間やスピードを考えると、職員が持ち回らずに済む電子化が勝るでしょう。なによりも後々の職員の負担を考えると、紙の資料を探し回るよりも、電子の資料を自席のパソコンで探すほうがずっと利便性があります。

　全体最適なツールやシステムというのは、その時に在籍している職

員だけでなく、後々仲間となる職員のことまで考えたものではないでしょうか。

2 ▶「働き方改革」を実現するICTツール導入事例

☐ 自治体にも間違いなく不可欠となるコミュニケーションツールを導入する。
☐ テレワークは自席でなくても働ける働き方の総称である。

前項で豊島区の事例としてあげたグループウェアも電子決裁も、庁舎移転の前から取り組み、一定の成果は出せていました。2011年度は議長や選挙管理委員長などの決定事項を除くほぼ全ての起案文書（全体の99%）が電子決裁されていました。

このような基盤を構築した上で、2015年5月の庁舎移転の際に、これからあげる4つのICTツールの導入によって、職員の働き方を変えることが出来たのです。

（1）　無線LANの導入

ひとつ目は、全ての執務エリアで無線LANを使えるようにしたことです。豊島区よりも前に無線LANに取り組んだ自治体はありましたが、「不安定」なことと、「情報セキュリティ」の心配から有線LANに戻した自治体も見受けられました。

そこで豊島区では、窓口のパソコンや設計などを行うパソコンについては有線LANを用いることで「不安定」を解消することとし、「情報セキュリティ」については、職員証をICカード化する際に構築した「豊島区業務認証局」が発行した証明書を搭載したパソコンからしか無線を受け付けないこと、証明書を使って通信を暗号化することな

ど、現在でも通用する方式を採用することで、導入することができました。

　無線LANを採用した一番大きな理由は「自分に配置されたパソコンを庁舎内のどこでも使えること」です。庁舎移転前から職員のパソコンで全ての業務が出来る環境は出来ていましたので、庁舎内のどこであっても、パソコンを持って移動すればそこで自席と同様のパソコン操作ができます。会議や研修の際にも自分のパソコンを持参します。それによって、開始前や休憩時間にメールチェックやグループウェア閲覧が行えます。

　庁舎移転後は出先施設にも同様の環境を展開していきましたので、環境が整った施設の職員は本庁舎など区の施設ではどこでも無線LANに接続が可能となり、出先施設の職員は、研修で本庁舎に訪れた際には研修会場でメールチェックなどをして、職場に寄らずに帰ることも可能となりました。

(2)　パソコンの軽量化

　2つ目は、タブレットパソコンの配置などパソコンの軽量化です。2005年度の庁内LAN増強時からパソコンはノート型を基本として、LANケーブルを挿せばどこでも使えるような運用をしていましたが、新庁舎では原則会議も研修もパソコンを持参することにしました。特に会議への出席が多く、また議会での答弁の際にも使いやすいよう、管理職員のパソコンはタブレット型にしました。

　タブレットパソコン導入の背景は「パソコンを持ち歩くこと」ですが、機種を検討する途上で「SIMカードを搭載した機種を選定し、閉域網サービスを契約すれば、庁内の無線だけでなく、全国に張り巡らされたLTE（4G）網を介して庁内LANに安全に参加できる」という提案を受け、SIMカードを搭載した機種を調達することとしました。このことで、管理職員のパソコンはテレワークに対応可能となったのです。

　これは先に区長が要望していた「職員が現場に出て、区民の声に直接耳を傾けること」が可能になるツールが手に入ったこととなりますが、当初は管理職員が外出時にタブレットを持参するかどうかは本人の判断としていました。次に述べるIP電話の件もあり、管理職員には公用の携帯電話も貸与しましたので、管理職員からは「24時間管理されているようだ」という不満の声が上がったからです。

　しかしその後、おもしろいことに、私がなにかを働きかけることもなく、いつの間にかほとんどの管理職員が長期休暇の際や週末にはパソコンを持って帰るようになりました。パソコンがあれば、職場にいるのと同様に情報が得られますし、決裁も電子化されているので余裕を持ってチェックが出来ます。24時間管理されるのではなく、自分の好きな時間に情報が得られることにメリットを感じたのではないでしょうか。外出時には、当然のように持ち歩くようになりました。

(3)　IP電話の導入

　3つ目は、ビジネスフォンをIP電話に替えてしまい、パソコンで電話をするようにしたことです。PBXという高価な電話交換機の購入を止めて、IP-PBX（ビジネスフォンで内線・外線通話を実現する交換機機能をIP電話機で実現させるもの）の機能を持ったソフトウェアをサーバに導入して電話を交わす仕組みを、自治体としては初めて庁舎全体で取り入れました。

　豊島区では単に電話回線をLAN配線に置き換えるだけでなく、コミュニケーションツールを導入し、これを通じて電話の受発信を行うようにしたことで、電話機能に加えてチャットやWeb会議、画面共有などが職員間で行えるようになりました。複数のコミュニケーション手段を手に入れることができたのです。

　日本でもSNSユーザーがチャットやIP電話を使ってコミュニケーションを図るのが一般的になってきましたが、豊島区でコミュニケーションツールを導入した目的は「自席から離れても電話などのコミュ

ニケーションが図れること」です。自席でなくても電話の受発信ができる便利さは、携帯電話やスマートフォンを日ごろ持ち歩いている人であれば、容易に想像ができるのではないでしょうか。

　このツールによって、自分専用の電話番号を持つこととなりました。豊島区に入庁してから退職するまで、ひとつの番号を持ち続けることとなります。内線番号に代わるグループ番号もいくつでも割り振ることができますので、担当する職員なら誰でもよい場合はグループ番号で電話することも可能です。

　個人を特定してコミュニケーションを図りたい場合には、先ずその職員をパソコンで探します。頻繁に連絡を取る職員はデフォルトグループに登録すればよいですし、組織一覧や名前からも検索は可能です。見つけ出した職員のパソコンの状態やスケジュールと連動していますので、オフラインや会議中、取り込み中の職員には電話をしても無駄だとわかります。オンライン状態（スケジュールなし）であれば、いきなり電話をかけることも可能ですが、多くの職員はチャットで「今から電話してもいいですか」などと尋ねてきます。

　このように相手の状況を察しながら、どこでも電話が受発信できるようになりました。係員全員での会議中であっても、外線から電話が入ったこともわかります。区民サービスという点でも効果が図れますので、テレワークを広める時代にあっては、自治体にも欠かせないツールになるものと考えます。

（4）　プリントやスキャンの自在化

　4つ目は、プリンター（複合機）を統合して、どの機器からもプリントやスキャンが出来るようにしたことです。庁舎移転前でも複合機をLANに繋いで、ドライバーをインストールすることで、どこの機器からもプリントを出すことが可能でした。しかし、庁舎移転の際にプリント用のサーバを立てて、職員はドライバーをインストールすることなく、サーバに対してプリント指示を行って、近くの空いている

機器に職員証をかざすことで認証が行われ、サーバにある印刷データから出力できるようになりました。また、スキャンに関しては複合機に職員証をかざしてからスキャンを行うことで、自分のスキャンデータ用のファイルサービスにデータが読み込まれることとなりました。

　このツールの導入意図は「自席にいなくても印刷物が取り出せること、どこにいてもスキャンが行えること」です。他にも、プリンターなどの周辺機器を全職員で使えることで、機器の集約化や契約事務の効率化、職員証と連動することで印刷物を他人が持って行ってしまったり、スキャンデータを他人に見られたりといった情報漏えいの防止など、ひとつのICTツールで複数の効果が図られることとなりました。

　以上の４つのICTツールの導入目的をまとめると、次のとおりになります。

- 無線LAN＝自分に配置されたパソコンを庁舎内のどこでも使えること
- タブレット＝パソコンを持ち歩くこと
- IP電話＝自席から離れても電話などのコミュニケーションが図れること
- プリンター統合＝自席にいなくても印刷物が取り出せること、どこにいてもスキャンが行えること

おわかりいただけると思いますが、庁舎移転の際に導入したICTツールは、どれも自席でなくても働けることを目的としています。事実、庁舎移転後からは内部の打ち合わせでも大きな会議でも、そして研修などに参加する際にも、職員は自分に配置されたパソコンを持って歩いています。

　私の在籍していた時代から、職員同士のコミュニケーションはチャットであったりWeb会議であったりと、多様化していました。そして新型コロナウイルスのパンデミックが起こる前から、テレワーク用のパソコンを調達して、一般職員も交代で在宅勤務を行っていたようです。

　日頃から自席でなくても働ける環境が整っていたために、大きな混乱は生じなかったということですし、管理職員に関しては日頃のテレワークの成果が現れて、危機管理会議なども早期からWeb会議で行われたとのことです。

　このように、密になることを避けるためにも、忙しい保健所長などを本庁舎に呼び出さずに済むためにも、日頃からテレワーク環境を整えることで、緊急事態が起こった際に様々な方法を取ることが可能となるのです。

　豊島区での11年間の経験を踏まえて、私はテレワークとは「自席でなくても働ける働き方」の総称だと考えています。区長が望んだ「区民の声を直接聞くこと」は、これからは「アウトリーチ」という名で、ますます重要視されると思います。

　ICTツールを整えることで、テレワークが有効な働き方になることもおわかりいただけたと思います。総務省のテレワークマネージャーとして、この思いを一人でも多くの人に伝えたいと思っています。

3 ▶ 導入に際して感じた普及の難しさ

POINT

□ 最初から皆が賛同してくれるツールなどありえないと心得る。
□ 導入したツールを職員全員で育て上げるのが、成功への近道である。

（1）　上層部から一般職員までの力を結集

　これまでも幾つかの自治体で豊島区での事例を紹介しましたが、必ずといっていいほど2つの質問をいただきます。ひとつは「豊島区の事例は私（髙橋）が一人で進めたのか」という質問、もうひとつは「豊

島区では職員が文句を言わずについてきたのか」という質問です。

　対象となった11年間、私には係長・課長そして最後にはCISOという役職が与えられ、職員をリードできる立場にはありました。しかし、これまでにあげてきた数々のICTツールについて、選定から運用までを一人でこなせるわけはありません。また、事例にはあげませんでしたが、この期間にはホストコンピュータ上に構築したシステムをパッケージシステムに置き換えるという事業も行いましたし、それに合わせて、総合窓口を支えるシステムや福祉の総合窓口を実現するためのシステム、新庁舎建設の売りとなる安全安心を実現する総合防災システムなども新たに調達しました。振り返れば豊島区のICT環境を全面更改した11年間だったといえると思います。

　これだけの大事業を私一人で進めることは不可能です。思い返せば本当に優秀な部下を多数配属してもらえ、彼らの発案にいつも感心していました。また、区長を始めとした上層部の方々、同僚のマネージャー層、そして若手のやる気のある職員の力が集まったからこそ、数々のICTツールを導入して成果が出せたと思っています。

　特に庁舎建設に当たっては、区長をトップとした全部長からなる「庁舎建設対策本部」でICTツールの導入や働き方のルールなどが決められていたのですが、その下部組織として「ICT利活用ワーキンググループ」を設置して、そのグループ長として「庁舎建設対策本部」のメンバーにも加えていただきました。

　「ICT利活用ワーキンググループ」は企画課や人事課、区民課、福祉課などの課長がメンバーで、先にあげた4つのICTツールなどはそこで検討を進めましたが、私はさらに「ICT利活用職員検討チーム」を立ち上げて、主に若手職員を募って、彼らをICTツールを導入している民間企業（自治体での実績はほとんどなかったため）に連れて行って、実際に機器を触ってもらい、働き方にも触れてもらった上で、豊島区への導入が可能であるのか、無理なのか、どうすれば職員が使ってくれるのかを検討させました。

　「庁舎建設対策本部」では、新たなICTツールの導入について不安視する声があがりましたが、私はワーキンググループや検討チームでの検討内容を伝えることで、私一人の思いではないこと、事業者の提案をそのまま出したわけでないことなどを説明しました。また、検討チームから出てきた一般職員の意見を伝えることで、上層部にも納得していただけました。

(2)　導入から定着までのトラブル

　このような経緯をお話すると「職員は文句を言わなかった」と受け取られるかもしれませんが、実際には多くの抵抗に遭ってきました。

　グループウェアにスケジュールを入力するように促した際にも、決裁の電子化を進めようとした際にも、難色を示す管理職はいましたし、庶務事務システムやIP電話の職員研修の場では「なんでこれまでのやり方ではダメなのか」と食い下がる職員もいました。

　私はICTツールの導入と働き方改革をセットで取り入れましたので、全職員が使うICTツールを導入する際には、毎回のように職員団体から「交渉」を申し入れられていました。

　特に大きかったのは庁舎移転と同時にIP電話に置き換えたことです。引越し前に実施した本番環境でのテストにおいては、音質も転送処理なども問題なく行えたのですが、実際に新庁舎が開庁し、多くの区民が窓口に訪れ、職員がパソコンを使っての対応に追われる中で、電話がかかってきた際に「電話に上手く出られない」「通信が混みあって音声が不安定になる」「転送しようと保留にしたつもりが電話を切ってしまった」など、電話に関するトラブルが相次ぎ、区民の苦情が区長の元にも届いてしまう事態となりました。

　同時期に始めた代表番号のコールセンター業務委託も、担当者が不慣れなこともあって、区役所への電話に対するクレームが相次ぎました。

　通信が不安定な状況はしばらく続きましたが、LANの増強を行う

ことで、半年後には通信も安定し、職員の操作も慣れてきたので、電話に対するクレームもなくなりました。この経験から、豊島区に続いて電話をIP化しようする自治体に対しては、事前のテストや職員研修の充実、順次の運用開始などを検討するようお伝えしています。

　また、管理職員に配置したタブレットパソコンも、軽量化を第一に、キーボードとマウスは自席でのみ使うよう、ドッキングステーション（タブレットと連結することで、様々な入出力用のポートが使える機器）とセットで配置したのですが、実際にはタブレットのタッチキーボードでの入力は不便だということで、全ての職員がこちらの意に反して、ブルートゥース対応のキーボードとマウスを購入してしまいました。この状況から、それ以降のパソコン調達はノート型になったという苦い経験もありました。

（3）　職員への説得から定着へ

　なにをするにせよ、最初から順風満帆などということはあり得ません。特に対象となる職員が多ければ多いほど、想定外の事象が生じることが増えてきます。そのような際に、対処を行わずにそのまま運用を続けてはいけません。

　私は、まずは区長や副区長に相談し、区長は導入したICTツールは無駄にしないという考えから、自分も率先して使うので、職員も使うよう、指示を出してくれました。これで上層部も動いてくれました。

　また、一般職員に対しては、管理職員として徹底的に説得しました。ネガティブな反応を示す職員に対しても、ICTツールのよさをしっかりと説明しました。

　職員団体とは早い段階から信頼関係が築けたと思っています。なぜならば、私が職員の意見を重視してICTツールを選定することを心がけたからではないかと考えています。震災復興のため現地派遣となった職員や育児や介護を抱えている職員に、どうすれば区役所の情報を届けられるかという問題では、職員団体と一緒に課題解決の方法

を探りました。

　もしも方針に反対した職員などの意見を放っておいたとしたら、どうなっていたでしょうか。自治体で決裁の電子化が進まない理由や、ある職場だけが別のICTツールを使っているという状況は、反対意見に対して曖昧な態度で臨んでしまった結果なのではないでしょうか。

　前述のとおり、良いICTツールに完成はありません。反対意見も大事にして、職員全員で育て上げることで、組織にとって使いやすいものに変わっていくのだと考えます。

4 ▶ ICTツール導入で起こり得る課題と解決策

□ 予算獲得のためには、導入後の効果を資料にして提示し、導入の承諾を得る。
□ 導入効果が出ないならば、効果が上がる方法を考える。

　これまで自治体の支援を行ってきた中で経験した様々な課題の中から、(1) 財源が認められない、(2) 事業者がみつからない、(3) 声の大きな職員に手をこまねく、(4) 運用開始後に止めてしまう、という4つの課題について、問題点と解決策を考えてみたいと思います。

(1)　財源が認められない

　ICTツールの導入に当たって最初に課題となるのは、財源の問題ではないでしょうか。財政担当に事業を認めてもらえないといった理由の他にも、事業者からの見積額を大きく減らされた、更新費用を一部減額されたなど、予算が確保できずに調達に繋がらないといった相談のほか、事業者も決まり、設計が進んでいる最中に「大規模災害が発生したので、経費を削減する」といった事態に遭遇したこともありま

した。

■■この課題の問題点

　財政担当を始めとする上層部に、事業の必要性や事業後の効果がきちんと伝わっていないことが問題で、こういったケースが多数あります。緊急事態下での一律カットはやむを得ないという考えもありますが、私の経験から申しますと、すべからく一律カットというケースは稀で、カットを免れる事業もあるのです。ですから、削減の対象となったということは、それだけの事業と判断されたと考えるべきです。

■■■この課題の解決策

　納得が得られる資料を作成し、説明することに限ります。私がこれまで拝見した資料では、「ICTツールの導入で〇〇時間削減」、「××人に相当する」といった内容が多いのですが、財政の担当者はそれが経費に反映するとは考えません。ましてや一人分にもならない数字であれば、効果はほぼないと取られても仕方ありません。

　ICTツールの導入には紙の削減や電話代の削減といった定量効果の他にも、検索性の向上や意思決定の迅速性、さらには統計データの活用といった数字では表せない定性効果もありますし、導入された後は毎年効果が継続（拡大）する、という点もアピールすべきだと考えます。様々な職員の英知を集めて資料を作りましょう。

（2）　事業者がみつからない

どうにか予算を獲得したのに、ICTツールを導入してくれる事業者がみつからない、といった悩みも多くあります。特に地方部の小規模な自治体からの相談が増えてきています。

■■この課題の問題点

　事業者抜きで企画を進めてしまったということが問題ではないかと考えます。大きな効果が見込まれるICTツールであっても、導入自治体の環境で作動するのか、サポートがなくても職員で運用が

回せるのかといった事前の情報収集を怠ってはいけません。まして
や予算の裏付けとなった製品よりもよい製品があるかどうかなど、
複数の事業者からの情報収集を怠ると、よりよい調達に繋げること
はできません。

◻◻◻この課題の解決策

　日頃から複数の事業者との信頼関係を築いておくことが必要で
す。これまでも電算システムを導入した事業者やネットワークを構
築した事業者など、複数の事業者とお付き合いはあるのでしょうが、
今後導入することとなる ICT ツールは多岐にわたるため、そうし
た事業者で取扱いが出来るかどうかは不確実です。

　この数年でウェビナーというオンラインで参加できるセミナーが
増えてきました。これであれば出張旅費を気にする必要もありませ
ん。数多くのウェビナーに参加して、事業者との接点を持ちましょ
う。

　さらには、新規の事業者とも契約が交わせるように、契約事務の
見直しも必須です。先にあげた「小規模事業者登録制度」などの導
入を積極的に検討しましょう。

(3)　声の大きな職員に手をこまねく

　調達が無事に終わって ICT ツールの導入フェーズに入ると、導入
に反対する職員の対応に追われることも見受けられます。特にその業
務に詳しい職員からの反対意見は、実務に則した意見であり、周りの
職員も反論が出来にくいこともあり、導入スケジュールが大きく遅れ
てしまう、本来目指していた範囲が縮小されてしまう、といった事態
に陥りがちです。

◻◻この課題の問題点

　職員の合意を得ないままにツールの導入を決めてしまったことに
問題があると思います。ただし、新型コロナウイルス感染症のパン
デミックを考えてみても、これからの自治体では時間をかけて ICT

ツールを検討する余裕はなかなかないものと考えます。またトップ
ダウンでICTツールの導入が決まることもあるのでしょうから、
上司である管理職員の指導力によるところが大きいのではないかと
も考えます。しかし、であるからといって、諦めてしまうわけには
いきません。

◨◨◨この課題の解決策

　反対論を唱えている職員を導入作業のメンバーに加えることで
す。得てして反対論は自分の業務に対しての注文であることが多い
ことから、導入作業全般を見渡してもらって、ICTツール導入に至っ
た経緯やそもそもの課題を伝えることで、反対論ではなく「対案」
を出してもらうのです。

　これまでの経験から、今現在自分が行っている方法がベストであ
ると思っている職員に、違う方法を押し付けても上手くいきません。
導入に至った課題を認識してもらって、業務に詳しい職員自ら解決
策を考えてもらうことで、これまでの検討とは違った視点での解決
策・ツールの使い方がみつかるかもしれません。

（4）　運用開始後に止めてしまう

　苦労して導入したICTツールの活用を数年で止めてしまった、と
いう事例も耳にします。効果が出ないからといった理由ではありま
すが、詳しく聞くと、担当者が変わったり、上司が変わったりなど、導
入を決定した職員の異動などによるものが多いようです。

◨◨この課題の問題点

　職員の引継ぎがしっかりなされていないことや、ICTツール導入
に至った経緯や課題が共有されていないこともあるのでしょうが、
根本的な問題は、ICTツールは完成品だと思ってしまっていること
だと思います。

　完成品であれば、それが新しい担当者に合わない、一向に成果が
出てこないといった理由で利用を諦めることもあり得るでしょう。

しかし、先に述べたようにICTツールは完成品ではありません。使われていない機能もあるでしょうし、運用を変えることで、一気に成果を生み出すかもしれません。

■■■この課題の解決策

　効果を生み出す方法を考えることにほかなりません。担当職員は先ずは導入時の資料を読み返して、ICTツールの選定理由や事業者の提案内容を再認識すべきです。当時想定した効果がなぜ現れないのかを事業者と一緒に分析して、事業者や頻繁に利用している職員などの知恵を借りて、ICTツールの使い方や運用ルールを見直しましょう。

　様々な手段を試してみて、それでもダメであった場合には、次の更新時に違うツールの検討をすべきであって、2・3年で運用を止めてしまっては、導入時の費用が無駄になるだけでなく、財政担当始め上層部の信頼を失うことになりかねません。

　加えて私が懸念するのは、利用していた期間に積み上がってきたデータを失ってしまうことです。たとえ数年間であっても、そこには将来宝となるデータが保存されているのです。このこともしっかり認識していただきたいと思います。

　ここまで、問題となりがちな4つの代表事例をあげてみましたが、ICTツール導入にはほかにも様々な課題が起こっています。自治体DX推進に当たっても、似たような課題に直面する自治体が多数現れるでしょう。

　いずれの問題点も、突き詰めるとICTツールを導入する担当職員に起因していることがわかっていただけると思います。つまりICTツール導入の成否は、ICTツールを導入しようとしている職員・組織の心構えにかかっていると言っても過言ではないのです。

　次節では導入を成功に導くポイントをお伝えしますので、ここで述べた解決策と合わせて参考にしてください。

第**3**節 ｜ ICTツールはトランスフォーメーション達成のツール

1▶ ツール導入を目的にしてはいけない

☐ 他自治体で成功したツールを導入しただけでは同じ成功はなし得ない。

☐ ツールの導入が目的ではない、導入後の運用・改善が重要である。

（1）「同じツールなら同じ効果」ではない

　ここまで、豊島区在職時代の事例をご紹介してきました。そのため、豊島区と同様のICTツールを取り入れないと上手くいかないのではないか、と勘違いされるかもしれませんが、決してそんなことはありません。

　これまでの経験から、これからの自治体に必須であると私が考えているのは、情報を共有するためのツールと決裁の電子化をサポートするツール、そして多様なコミュニケーションが図れるツールです。これらの機能は既成のメーカーであれば、ひとつの製品で賄えてしまうかもしれませんが、自治体に特化した製品をそれぞれ見繕ったほうが導入時の混乱は少ないかと思います。

　これまでも述べてきましたが、ICTツールは道具であって成果品ではありません。豊島区と同じグループウェアを調達しても、それだけでは成果は出てきません。全ての職員がスケジュールを入力する、全ての所属が共用財産を予約機能に掲載する、これを実現するには途方

もない労力としっかりとした準備・調整が必要なのです。

逆に豊島区と同じ ICT ツールを導入して違う成果をあげることも可能でしょうし、別の ICT ツールで同様の成果をあげることも可能です。

私が IP-PBX 導入の支援を行った 2 つの自治体では、クラウド版の選定を行って、豊島区とは全く違うコミュニケーションツール製品を導入することとなりました。その結果、豊島区のようにグループウェアとの連携は図りにくくなりましたが、豊島区以上のコミュニケーションを実現しています。

このように、与えられたツールの特徴を捉えて、どのような運用を行えばその特徴が活かせるのかを考え、その運用を始めるにはどのようなルールを作ればよいのかを、関係者全員の知恵を集めて決めていく過程が重要です。

また、前述のとおり、よいツールなら何度でも改良が加えられますので、運用を始めたからといって修正を諦める必要はありません。どうすれば多くの職員が使ってくれるのか、あの手この手を用いてよい方法を見出してください。

大事なことは「ツール導入を目的にしてはいけない」ということです。電算システムの時代においては、システムの運用開始を目標にしていましたが、ICT ツールにおいては、導入後の運用・改善がなによりも大切です。

導入がゴールではありません。導入後の姿を見据えて調達に臨むことと同等に、運用を引き継いだ後に、当初の課題が解決できるのか、効果をあげるためにはどのようなルールが必要か、などを考えていく作業も重要なのです。

(2)　事業者の経験値も参考にする

一方で、事業者については、経験という点で、成功事例にかかわった点は評価すべきかと思います。同じ ICT ツールを用いてある自治

体で成功事例を作り上げたという経験は、自分たちの自治体にも活か
されます。

　選考過程においては、その事例へのかかわり具合やその時のスタッ
フが加わっているのかどうかを確かめましょう。大手の事業者におい
ては、エリアが違えば担当者も違ってきますし、ルール作りにおいて
は、下請けの事業者に任せていたという案件も見受けます。

　ICTツールの選定においては、導入する事業者も大切です。特に地
方エリアの自治体は、日頃お付き合いのある自治体の内情を知ってい
る事業者にすべきか、そのICTツールの導入実績が多数ある事業者
にすべきか、ツールの特徴を踏まえて、しっかりと判断してください。

(3)　情報システム基盤の検討

　自治体それぞれに情報システムの基盤が違っていますので、自治体
の成功事例を違う方法で実現することも可能となります。例えば庁内
LANのネットワークがベースになっている場合、ネットワーク分離
（詳しくは第3章で述べます）でいうと、LGWAN系ネットワークに
パソコンが配置されていますので、無線LANにも高度な情報セキュ
リティ対策を施す必要があります。しかしながら、インターネット系
のネットワークにパソコンを配置する総務省のβモデル（こちらも第
3章で説明します）を採用している自治体においては、それほどの情
報セキュリティ対策は必要ありません。

　場合によっては、普段は有線LANに繋いでおいて、会議など無線
LANを用いる際には、テレワーク環境と同様に、キャリアのLTE回
線（次世代高速携帯通信規格の一種）を通してネットワークに参加し
てもよいのではないでしょうか。この場合、無線LANを用いる際に
扱える情報などには制約がかかりますが、安価に無線LAN環境を整
えられて、なおかつキャリアのLTEが届く範囲であれば、どこでも
ネットワークに参加できるようになるのです。

　いずれにしても、他自治体の事例はあくまでも事例です。全く同じ

成果はありません。最終的な成否を握っているのは、間違いなく担当する自治体職員です。このことを忘れずに他の自治体での事例などを参照しましょう。

2 ▶ 導入した ICT ツールを使いこなす、使い倒す

□ 高価な ICT ツールも使わなければ置物と同じである。
□ 先ずは導入されている ICT ツールを見直してみる。

(1) ICT ツール導入の目的

　ICT ツールの導入に当たって大事なことは、「なにを導入するのか」ではなく、「なにを解決するのか、なにを実現するのか」という点にあります。

　グループウェアの例で考えてみましょう。

　中小の自治体を訪問すると、職員全員にグループウェアのライセンスが行き渡っていない自治体をみかけます。豊島区も 2000 年に庁内 LAN を構築した際には係にひとつのライセンスとしていました。ライセンスが高いか安いかではなく、当時のグループウェアの機能で最も大事だったのはメールの送受信であり、ライセンスの購入数はメールアドレスの必要数でもあったからです。当時は個人でメールを送受信することはほとんどありませんでしたし、グループウェアにログインできるパソコンも一人 1 台ではなかったので、職員全員分など必要なかったのです。

　その後にグループウェアの様々な機能を使い始め、パソコンも一人に 1 台支給されるようになると、管理職のスケジュールをパソコンで確認したい、掲示板の文書を誰が見たのか確認したい、アンケート機能を使って職員アンケートを行いたい、といった要望が出てきます。

ライセンスは高価ですが、職員分のライセンスを調達することで、職員の要望を叶えることができますし、個々人に情報を届けるという課題の解決につながるメリットがあります。その際に予算額内に納めるためにグループウェア製品が変わってしまった自治体もあるでしょうが、それで実現したいことが実現できるのであれば、致し方ないことであったと思います。

　そして、全員分のライセンスが調達できたことによって、個人用のメールアドレスが割り振られ、個人ごとのメールアドレスでの受発信が行えるようになったのです。

　係ごとにIDが割り振られている自治体では、係ごとのメールアドレスで問題ないという考えだと思いますが、グループウェアの他の機能は使いこなせているのでしょうか。もしも他の機能は必要ないと思っているのであれば、グループウェアそのものの契約を止めて、メールサーバに付随しているメール送受信ツールを使うことをお勧めします。

　これまで係にひとつのIDで運用してきたグループウェアの各種機能を職員ごとに使えるようにすることで、数多くの運用改善が実現できます。もしもライセンスを購入する費用が出せないということであれば、使いたい機能を絞って、グループウェアの選定から始めてみてはいかがでしょうか。高価なグループウェアを保持していながら、機能をほとんど使っていないのであれば、それは高価なサーバを持ち続けているに等しいのです。

　グループウェアの導入経緯を知る職員は減り続けていくでしょう。ここでもう一度グループウェアでなにを解決しているのか、なにを実現したいのかを問い直してみるとよいと思います。これはグループウェアに限ったことではありません。

(2)　導入後の効果の再確認

　自治体には数多くのICTツールが存在しています。グループウェ

アを例にあげましたが、その他にも多くの自治体で導入されているものとして、文書管理システムであったり、財務会計システムであったり、GIS（地理情報システム）であったりとキリがありません。これらは使用権としてのライセンス料を払っているというよりも、維持管理のために保守費用を払っているのではないでしょうか。

　長年当たり前のように使い続けていると思われますが、導入時になにを実現したかったのかを考え直すことに加えて、現在はどうなっているのかも再確認してみることをお勧めします。

　文書管理システムであれば、発番を取って発議簿・収受簿の役割だけ、財務会計システムであれば、予算から日々の執行額を差し引いて、年度末に決算書を作成するだけ、プラス執行用の起票、GISであれば、データを地図上に入力して台帳を作っているだけ、といった実態があるとしたら問題です。もしそうであれば、高い保守費を払わずにパソコンに搭載されている、既成の各種ソフトを利用してみてはいかがでしょうか。

　文書管理システムや財務会計システムは業務パッケージシステムなので、ICTツールとは違うと思われるかもしれませんが、ほぼ全ての職員が利用するという点ではグループウェアと同様の「組織の基盤となるシステム」であると思います。少ない所で10年、長い所では20年近く使い続けているのに、当初の目的であった「紙の作業を置き換える」だけの使い方ではもったいないと思います。

　決裁電子化の優れた点として、検索性が向上することがあげられますが、上記にあげたシステムも10年以上のデータが積載されています。そろそろ次のステップとして、積み上げてきたデータを活用するシステムにレベルアップしていってはいかがでしょうか。

　同様に、パソコンに搭載されている既成のソフトは年々進化を遂げています。それなりのライセンス費用を支払っているのに、前任から引き継いだファイルなどをそのまま使うのではなく、最新バージョンではどのような機能が追加されたのかを調べてみるとよいと思いま

す。

　この度のGIGAスクール構想で小中学校に配置されたパソコンには、ひとつのファイルを複数人で更新することが可能なソフトウェアが付いていて、授業などで各班がまとめ上げた意見を手元のパソコンに入力すると、先生のパソコンに自動で反映されてスクリーンに映し出される、などというように活用されています。同様のソフトウェアは自治体のパソコンにも搭載されていることが多く、会議次第に発表者が次々と報告内容を入力することで、会議の終了時には議事録になってしまうという使い方が可能となります。

　このように、職員に配置されているパソコンには様々な宝物が眠っています。新しいICTツールを探すのもよいのですが、今一度、保持しているICTツールを見直してみてください。そこにもトランスフォーメーションを実現する多くのヒントが隠れています。

3 ▶ ICTツール導入に必要な視点

POINT

☐ 内部事務のデジタル化が進む自治体はICTツールを上手に活用できる。

☐ ICTツールはひとつの問題解決にしか使えない訳ではない。

　自治体DX推進の担当者となった職員の方は、どこから取り組むべきか悩んでいらっしゃることと想像します。ICTに関する雑誌などを読んで、他所の自治体で活用しているICTツールの調査をしていることでしょうし、ITベンダーと呼ばれる事業者からは、様々なICTツールの紹介が来ていることでしょう。

　私はそれを否定はしませんし、次々と発生している新たな課題に対応するためには、新たなICTツールを導入する必要も感じています。

　しかし一方で、新型コロナウイルス感染症への対応で、日本が「デジタル敗戦」と言われたのは、その背景にこれまで日本が進めてきたデジタル化戦略に問題が潜んでいたからではないでしょうか。そのためデジタル庁を創設し、新たな課題への対応の前に、これまでの潜在的問題にメスを入れることになったと思われます。

　自治体DX推進においても、足元の課題を解決することから始めてみてはいかがかと考えています。

（1）　アナログからの脱却

　足元の課題として、多くの自治体が抱えているのが「アナログでの業務の進め方」ではないかと思います。かつての豊島区役所では、2011年には起案文書の99％が電子化され、決裁自体は全て電子で行われていたものの、2016年の私が税務課長の時代にも、紙の文書は課長の印鑑を押すようになっていましたし、前任課長から引き継がれた文書は3段キャビネット2つ分、つまり6段分もありました。

　私は国の各種委員であったり、区役所の地区担当を任されていたりと職場を不在にすることが多かったので、すぐさまタブレットパソコンで業務が進められるよう変革を促し、上記のような状況から2年後の退職時には、冊子類以外は課長席に書類が来ない状態にしましたし、後任に引き継いだ文書はキャビネット1段分に削減しました。

　それでも税務課そのものの業務は、給与支払報告書や確定申告書の提出が紙が中心だったこともあり、税務調査にしても、税務署で調べた書類を全てコピーして持ち帰ってくるなど、アナログから脱却するには2年では限りがありました。

　このように、電子化が進んでいる自治体においても、改善の余地は多数あります。特に今後、国のリードによって申請が電子化されたり、契約に係る書類が電子化されたりとデジタル化が進んでいく際に、内部事務をデジタルで進めるようにしておかないと、電子で届いた申請書や電子で届いた請求書などを紙に打ち出して処理する、という事態

に陥ってしまいます。

　総務省の自治体DX推進計画にある6つの重点取組事項の中には「内部事務のデジタル化」はありません。（「テレワークの推進」にそれを見出してくれるとよいのですが。）私は5年後に「内部事務のデジタル化」が進んだ自治体とそうでない自治体との間に、大きな差がついてしまうのではないかと心配しています。

　6つの重点取組事項と同等に内部事務のデジタル化にも取り組んでいただきたい、そのためには現在保持しているICTツールの活用を再考してもらいたいと考えます。

(2)　多くの部署を俯瞰する視点

　本章では、自治体DX推進に欠かすことの出来ないICTツールの導入について、そのポイントをお伝えしてきました。

　AIなどを活用した革新的なICTツールを導入して、住民との接点をデジタル化して、世間の注目を浴びることで自治体をアピール出来ると思いますが、注目されればされるほど、内部事務の進め方にも目が向けられます。

　私が殊更に内部事務にこだわるのは、全庁で利用するICTツールが上手に活用されている自治体は、新しいツールを入れると横展開が可能となるが、横のつながりが取れていない自治体では、革新的なICTツールを導入しても、その部署での利用に留まってしまう危険性が高いと思っているからです。

　雑誌などで先進自治体の事例が紹介されることも多いですが、ひとつ気になるのは、そのICTツールは自治体内で横展開できているのかどうかという点です。福祉の課題を解決するICTツールは福祉分野でしか使えないわけではありません。逆に農業分野で活躍するICTツールを福祉分野で活用することも可能です。部門を越えた活用の方法を探るには、当事者である部門の担当者に任せていては簡単には進まないでしょう。そこにはやはり、全体を俯瞰するDX推進を担う部

署のかかわりが必須だと考えます。

RPAの話の中で、日本は現場主義であるとお伝えしました。確か
に課題を解決するために現場の視点は重要です。課題を見つけ、課題
を深掘りして真の課題にたどり着くには現場を知っている職員の知見
が必要です。

しかし、課題を解決する策については、現場以外の視点が入っても
よいのではないかと考えます。ICTツールについても同様です。ひと
つのICTツールはひとつの問題解決にしか使えない訳ではありませ
ん。ICTツールに長けた人の意見を参考に、自分たちの部署で使える
かどうかを探るべきだと思います。

ICTツール導入の成功のポイントは、導入したICTツールの特徴
を活かすこと、運用方法を常に見直し改良を加えること、そして多く
の部署で使えるよう調整を図ることです。第4章で述べますが、成功
に導くためには推進体制の構築も必要です。

ICTツールの活用は、汎用コンピュータの出現以降はなかなか進め
ることができなかった人的資源の創出の可能性を高めるものです。こ
れまで担当者が行ってきた業務を可視化して細分化し、人間でなくて
も実行可能な部分にICTツールを当てはめることで、担当者の割振
りを変えることにつながり、人的資源を生み出すこととなります。

その際に、担当者一人の業務だけをみてしまうと、業務負担の軽減
で終わってしまいます。ICTツールの導入は、事業全体の流れを見直
すトランスフォーメーションとセットで行うことで、価値が高まりま
す。

ICTツールの導入はトランスフォーメーション達成のパーツです。
ICTツール導入の成否は、業務改革が出来たかどうかにかかっている
のです。

第3章

自治体の
情報セキュリティの
あり方

第1節 | これまでのセキュリティ対策と見直しの視点

1 ▶ 自治体情報セキュリティ強靭化の背景

- ☐ 自治体情報セキュリティの転換点は日本年金機構の事件である。
- ☐ 自治体の現状をくみ取った解決策が三層分離の情報セキュリティ対策である。

　自治体DX推進を図る上で避けることが出来ないのが、情報セキュリティの問題です。ここでは自治体情報セキュリティのこれまでの流れを押さえて、これからの自治体DX推進を実現する上で、情報セキュリティ対策をどのように講じるべきかをお伝えします。また、この章の後半では、業務のデジタル化が情報漏えいなどの事故を防ぐ役割を担っていることについても説明したいと思います。

（1）　自治体の情報セキュリティと日本年金機構事件

　地方自治法は第1条の2に「地方公共団体は、住民の福祉の増進を図ることを基本として」と自治体の役割をあげています。いうまでもなく、自治体の基本的業務は「住民サービス」ですので、個人情報を取扱う業務が中心となります。個人情報という概念は昔から存在していたのでしょうが、自治体に根付いたのは、プライバシーマーク制度が創設された1998年から「住民基本台帳ネットワーク」が構築された2002年頃だったと記憶しています。

　私が区役所に入庁した頃は、組織で大事なのは「ヒト」「モノ」「カ

ネ」といわれており、「情報」はありませんでした。職場でも学校でも「名簿」を当たり前に作成し、氏名や住所、電話番号、生年月日も掲載されていました。

　組織で大事なものに「情報」が加わり、「住民基本台帳ネットワーク」に接続するか否かが争われた頃から、情報セキュリティという言葉の普及が始まりました。総務省では、2001年3月に「地方公共団体における情報セキュリティポリシーに関するガイドライン」を策定し、それを受けて、豊島区でも2003年に「豊島区情報セキュリティポリシー」を策定しています。

　自治体の情報セキュリティの方針が大きく変わったのは、2015年です。この年に総務省は「自治体情報セキュリティ強靭化策」を打ち出し、情報を扱うネットワークやパソコンを分けることで、不正アクセスなどでの情報漏えいを防止する対策を全国の自治体に通知しました。

　この通知では、住民情報を扱って業務を行うネットワーク（個人番号利用系）とグループウェアやファイルサービスなど事務の中心となるネットワーク（LGWAN接続系）とをインターネットと分離するよう、指導されています。

　そもそも自治体にコンピュータが導入されたのは昭和50年代です。税額や保険料額の計算や給与計算など大量の計算処理を行うためにホストコンピュータが導入され、それを使って住民情報なども登録するようになりました。

　一方で平成に入るとパソコンの普及が進み、ワープロで行っていた書類の作成や電卓で行っていた計算業務などがパソコン上で行われるようになり、ネットワーク化されることによって、グループウェアなどでの情報共有やインターネットに接続しての情報収集も行われるようになりました。

　このように自治体においては、ホストコンピュータから派生したネットワーク（総務省通知までは「基幹系」と表現）と事務用パソコ

ンを繋ぐネットワーク（同じく「情報系」と表現）との2つのネットワークが存在し、多くの自治体ではそれらを物理的もしくは論理的に分離して、それぞれのパソコンにログインして情報を得ていたのです。

　このような中、2015年5月に日本年金機構が不正アクセス（標的型メール攻撃）を受け、125万件ものデータがインターネット経由で流出するという事件が発覚しました。

　この情報漏えいの背景には、業務用のネットワーク（ホストコンピュータ系）に存在していたデータを、職員が事務用パソコンで扱いたいがために事務用のネットワークに移して利用したことがあり、情報セキュリティポリシーに反する行為が当たり前に行われていたとのことで、管理・指導体制が問われることとなりました。

　同年10月からのマイナンバー制度開始を控え、国会では、年金情報が機構から漏えいしたように、マイナンバー情報が自治体から漏えいする危険性を問う声が上がりました。こうした動きを受け、情報セキュリティポリシーに反して重要情報をインターネットに繋がるネットワークに保存しないよう徹底する、という方針のもと、総務省から全自治体に対し、「マイナンバーを伴うデータについては、基幹系（後の個人番号利用系）で扱うこととし、情報系（後のLGWAN接続系）では扱わないことを徹底する」ことを求める通知が発出されました。

(2)　三層分離の情報セキュリティ対策

　しかしこの通知に対して、多くの自治体から反発の声が上がりました。当初はホストコンピュータで給与計算を行っていた自治体の多くは、庶務事務との連携を図って情報系に人事給与システムを移していました。職員のマイナンバーはこのシステムに登録することとなります。

　また、非常勤職員の採用事務、審議会委員や職員研修講師などへの報酬支払事務などでもマイナンバーを取り扱う必要が生じますが、これらの事務も一般的には情報系のパソコンで行われており、これらの

事務を基幹系に移すとなると、多大な作業と費用が必要となるからです。

　ほぼ全ての自治体で、情報系でのマイナンバー取扱いが生じることを理解した総務省は、「自治体情報セキュリティ対策検討チーム」を立ち上げ、2015年11月に「新たな自治体情報セキュリティ対策の抜本的強化に向けて」という報告をまとめ、自治体のネットワークを三層に分離することで、インターネットの脅威に対抗する手段を取ることとなりました。

　この報告では、自治体の事務では欠かすことが出来なくなっていたインターネット活用について、その接点を都道府県で集約し、不正なアクセスや不正な通信を防ぐと同時に、ログを調べることで危険な兆候を見逃さない仕組み（自治体情報セキュリティクラウド）を構築することが記載されました。

　県下の自治体の要望をまとめるには大変な苦労があったことと察しますが、総務省の粘り強い指導もあり、47の都道府県の下に1,741全ての自治体のインターネットの接点が集約されました。

　専任の情報システム担当者を設けることが出来ない職員数の少ない自治体などにとっては、インターネットの脅威に対する作業が大きく減ることとなり、運用開始以降は情報セキュリティクラウドを介しての情報漏えい案件が報告されていないことから、効果の高い取組みであることは間違いありません。

　しかしながら、インターネット利用に関しては各自治体のポリシーよりも情報セキュリティクラウドのポリシーに依るところが大きくなったことから、自治体職員のテレワークを進める上では、各自治体の工夫だけでは通用しないケースが生じています。

　特にWeb会議システムの通信が許可されていない県が複数あり、Web会議システムを導入したものの、外部からの参加は不可能となってしまう問題が目立つようになってきました。

図表1　いわゆる「三層の対策」概要

① 個人番号利用事務系では、端末からの情報持ち出し不可設定等を図り、住民情報流出を徹底して防止　② LGWAN接続系とインターネット接続系を分割し、LGWAN環境のセキュリティ確保　③ 都道府県と市区町村が協力して、自治体情報セキュリティクラウドを構築し、高度な情報セキュリティ対策を実施

2015.5	年金機構の情報漏えい事案発覚後、有識者による「自治体情報セキュリティ対策検討チーム」を設置
2015.11	検討チームより自治体の対策内容(「三層の対策」)について報告
2015.12	総務大臣通知により自治体に「三層の対策」を要請
2016.1	自治体が「三層の対策」に取り組むための補助金(H27補正)の説明会
2017.7	自治体による「三層の対策」への対応完了

（出典：総務省『自治体情報セキュリティ対策の見直しのポイント』2020年、2頁）

2 ▶ 2020年の「三層の対策」の見直し

 POINT
- [ ] βモデルの考え方は2015年通知からあった。
- [ ] 2020年改訂で注目すべきは情報資産の分け方にある。

(1)　新型コロナウイルスの蔓延とテレワークのあり方

　2019年度から働き方改革関連法が順次施行され、公務員といえども柔軟な働き方が求められていること、2015年の報告から5年目を迎え、向こう数年で多くの自治体でネットワークシステムの更改が行

われる見通しであることなどから、総務省では情報セキュリティポリシーガイドラインの見直しを行うことを宣言して、2020年1月には中間報告を行いました。

　ところが、新型コロナウイルスの蔓延に伴う感染症対応が喫緊の課題となったことから、新たなワーキンググループによる検討が開始され、総務省は同年8月に「新型コロナウイルスへの対応等を踏まえたLGWAN接続系のテレワークセキュリティ要件について」という通知を発出し、ガイドラインの改訂を先延ばしして、テレワークのあり方についての考えを打ち出すことを優先しました。

　1月の中間報告では、これまでのネットワーク分離の考え方をαモデルとして、2つの新たなモデルを提案しました。βモデルとβ´モデルです。αモデルがLGWAN接続系をベースとしてインターネットに繋がっているサービスを利用する時にインターネット接続系にログインする方式であるのに対して、βモデルやβ´モデルではインターネット接続系をベースにLGWANのサービスを利用する時にLGWAN接続系にログインするという違いがあります。内部情報系システムをLGWAN接続系で利用するのがβモデル、インターネット接続系で利用するのがβ´モデルと区別しています。

　さらに、βモデルであれば、所要の情報セキュリティ対策を施したパソコンを用いれば、リモート環境からインターネット系にアクセスすることも可能として、テレワークの間口を広げたのです。

(2)　テレワーク導入で整理された情報資産の扱い

　中間報告が出されたことで、情報セキュリティ製品を扱う企業では自治体に対する戦略の見直しを図られることとなりましたが、私にとっては、βモデルは以前から考えられる方式でした。日本年金機構の事件に対応する方法について、総務省が二転したことは先に述べましたが、真の狙いはインターネットの脅威から個人情報を分離することです。

図表2　新たなモデル（βモデル）のイメージ

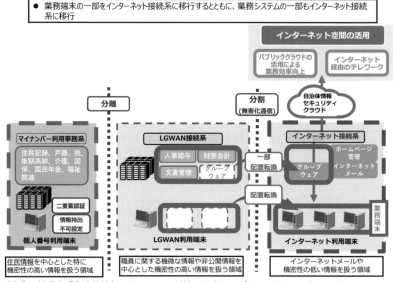

● 業務端末の一部をインターネット接続系に移行するとともに、業務システムの一部もインターネット接続系に移行

（出典：総務省『自治体情報セキュリティ対策の見直しのポイント』2020年、7頁）

　多くの自治体は時間がない中で、LGWAN接続系からインターネットを分離しましたが、その時に庁内LANから個人情報を扱うシステムを分離する方法を取ることもできたのです。そして情報セキュリティの常識からいえば、情報セキュリティレベルの低いネットワークから高いネットワークにアクセスすることで、機密性の高い情報を守る方式が主流です。

　βモデルが突拍子もなく現れたわけではなく、2015年の総務省通知を見て、βモデルを採用していた自治体があることも知っておいていただきたいと思います。

　なお、2020年8月の通知では、αモデルの自治体がβモデルに変更しなくてもテレワーク環境を構築しやすくするために、これまではLGWAN接続系とインターネットとの完全分離を求めていたものを、2つの限られた方式によるものではありますが、インターネット回線

の利用が認められる方法を示しました。

図表3　2つの限られたモデル（パターン①）

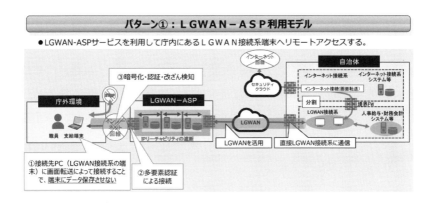

（出典：総務省『新型コロナウィルスへの対応等を踏まえたLGWAN接続系のテレワークセキュリティ要件について』2020年、別添1、9頁）

図表4　2つの限られたモデル（パターン②）

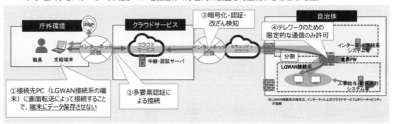

（出典：前掲資料、別添1、13頁）

　また、機密性（秘匿性）の高い情報であっても、職員の人事情報や入札情報・施設建設に係る情報などの、LGWAN接続系のシステムで扱う情報については、「規則や技術的対策により担保」できるのであれば、各自治体の判断によりテレワークで扱うことも可能となりました。私は今次の改訂で最も注目すべきはこの点であると思っています。

　当然のことですが、これらの内容が同年12月に策定された「地方公共団体における情報セキュリティポリシーに関するガイドライン（令和2年12月版）」（以下、「総務省ガイドライン」という）に反映されましたので、この点については、総務省の考えが大きく変わったと捉えるべきでしょう。

　一方で当初から変わらぬ内容も多数あります。

　最も大事なことは、マイナンバー取扱い事務のような「大量又は機微な住民情報を扱う業務については、庁舎と同等の物理的な対策がなされたサテライトオフィスを除き、テレワークの対象外とする」ことです。個人情報保護委員会は民間企業に対しても、マイナンバーを取り扱う際には物理的な対策が施された環境で、と指導をしていますし、2015年に総務省がLGWAN接続系とインターネット系とを分離した背景を考えれば、当然のことです。

　もう一つ加えるならば、これまでのポリシーでは想定していなかった「自治体の敷地ではない場所からのアクセス」を検討する際には、特有のリスクとなる「なりすまし、盗聴、改ざん、盗難・紛失」の対策を取らなければならないということです。新たな方式を採用するならば、新たな対策も必要となるということです。こちらについては、総務省ガイドラインに具体的な対策が示されていますので、参考にするとよいと思います。

　いずれにしても、情報漏えいを起こしてしまうと、本来業務に支障が生じるほどの事件・事故となります。テレワークで少しでも効率を上げようと安易に接続を許可したことで、日常業務が滞るような事態

を招いてしまっては元も子もありません。

　事件・事故を起こさないためには「どのような情報を、どのように扱うべきか」を考える必要があります。決して情報システム部門だけの問題ではありません。情報を取り扱う所管部署こそが、情報資産の分類をしっかりと整備すべきと考えます。

3 ▶ 文部科学省の情報セキュリティ対策

□ 学校情報セキュリティにおいても、「基本方針」は自治体の規定によることとされている。
□ クラウド利用の考え方は自治体も参考にすべきである。

　私は文部科学省の「教育情報セキュリティポリシーに関するガイドライン」（以下、「文部科学省ガイドライン」という）について、2017年10月の策定以降、2019年12月の改訂や2021年5月の改訂など、この間ずっと検討会の副主査や座長としてかかわっています。そのきっかけは、私が豊島区役所のCISOを務めていた際に、総務省の「地方公共団体における情報セキュリティ対策の向上に関する研究会」のメンバーとして、自治体向けの情報セキュリティの仕事をしていたため、高等学校で発生した情報漏えい事件の際にお手伝いをしたことからです。

　このように、過去に総務省ガイドライン策定に携わり、現在は文部科学省ガイドライン策定を担っている者として、両者の違いや同一点を明らかにして、自治体が抱えている情報セキュリティの課題を明確にしたいと思います。

（1）　文部科学省ガイドラインと自治体情報セキュリティの関係

　文部科学省ガイドラインは、自治体が設置する学校を対象としてい

ます。そして特徴的なこととして、「学校の設置者である地方公共団体は、「基本方針」については、地方公共団体が策定したものに従いつつ、「対策基準」については、学校を想定したものを策定することが望ましい」（文部科学省ガイドラインより）と、自治体情報セキュリティの最上位規定である「基本方針」は自治体の規定に従い、具体的な対策を記述する「対策基準」よりも下位の規定は学校の実態に則したものとするよう構成されています。

　このことから、自治体の情報セキュリティ担当者は首長部局のことだけを考えた情報セキュリティの基本方針を作るのではなく、学校や病院など外局といわれる部署が抱えている様々な施設にまで配慮した基本方針を策定し、それらの部署と連携を図って情報セキュリティの向上に努めなければならないことがわかります。このことは文部科学省が一方的に決めたわけではなく、総務省の担当部局と調整の上、決定したものです。

（2）　学校の情報セキュリティ対策

　文部科学省が学校を対象とした情報セキュリティのルール作りに取り組んだきっかけは、学校での情報機器の活用が盛んとなったことにあります。

　2009年の「スクール・ニューディール」以降、学校にもパソコンが配備されるようになりました。当初はインターネットを介した調べもの学習に使う程度であったものが、教員にも配備が進むようになると、児童生徒の情報を取り扱うようになり、校務をサポートするソフトウェアの導入も進んできました。

　一方で、情報セキュリティへの対策は遅れがちで、意識の高い校長が学校独自の情報セキュリティ規程を作るケースはまれで、多くの教育委員会では自治体の情報セキュリティポリシーをそのまま学校現場に当てはめて、規則と実態とがかけ離れた状態で運用がなされていたのです。

　成績情報や家庭の状況など、教員が児童生徒の機微な情報を扱うだけであれば、自治体の情報セキュリティポリシーをそのまま当てはめても構いませんが、「学校は、地方公務員法及び教育公務員特例法に定める「服務」に服さない児童生徒が過ごす場所であり、かつ、当該児童生徒が、学習活動において日常的に学校にある情報システムにアクセスすることから、当該児童生徒も想定した情報セキュリティ対策を講ずる必要」（文部科学省ガイドラインより）があることから、自治体の「対策基準」とは別に、情報セキュリティのルールが必要となります。

　さらに2020年度のGIGAスクール構想（GIGAとはGlobal and Innovation Gateway for Allの略。一人１台端末と通信ネットワークを一体的に整備し、多様な子どもたちを誰一人取り残すことなく、個別最適化された創造性を育む教育を実現させる構想）によるパソコンの児童生徒一人１台環境が実現すると、児童生徒専用のIDが付与されて、自分用に情報を保存して見返すことなどが出来るようになります。当初の文部科学省ガイドラインでは、教員が校務を扱うパソコンのネットワーク（校務用）と児童生徒のパソコンネットワーク（学習用）とを完全に分離することを推奨していましたが、学年が替わる度に、教員は校務に児童生徒の情報を入力し、全く同じ作業を学習用にも行わなければなりません。また校務用パソコンで成績処理を行う際に、学習用のサーバにある児童生徒の情報が閲覧できないので、USBメモリーなどを使ってデータを移し替える必要が出てきます。

　また、教育現場では、学校の敷地内から離れた場所での情報機器の活用が求められています。校外学習であったり、クラブ活動であったり、新型コロナウイルス感染症蔓延で明らかになったように、登校が許されない状況下でも教育活動が続けられるよう、リモートでの活用は自治体よりも一歩先を行っているのです。それを手早く安価に実現するためには、クラウド環境の中でも、誰もがアクセスして利用できるパブリッククラウドの活用も無視できない状況にあります。

　これら「ネットワークを越えた情報交換」「リモートでの情報活用」「パブリッククラウドの活用」などは、現在の自治体情報セキュリティにも通じる検討課題です。

　特に、教育現場には、組織としての情報セキュリティ対策に詳しい人材はほぼいないといえると思います。先生方は、昼休みを取る時間がないほど時間に追われています。中小の自治体では教育委員会でも情報セキュリティの担当は兼務でしか配置できません。

　私は豊島区CISOとして、教育委員会が所管するネットワークのあり方にも助言を行ってきました。その経験が文部科学省でお役に立ったように、自治体の情報セキュリティは自治体全体を見渡した広い視野を持って考えてはいかがかと思います。特にパブリッククラウドの活用は、教育現場と同様に、デジタル化への対応が遅れた分野では導入が前提となるでしょう。

　文部科学省が先にあげた3つの検討課題にどのような情報セキュリティ対策を組んでいるのか、総務省ガイドラインだけでなく、文部科学省ガイドラインも是非ともご一読ください。教育委員会の職員であってもクラウド事業者の選定が正しく行えるよう、ていねいに解説を行っています。

図表5　文部科学省ガイドラインの体系図

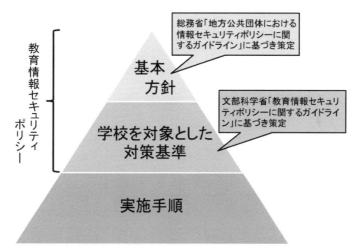

（出典：文部科学省『教育情報セキュリティポリシーに関するガイドライン（令和3年5月版）』2021年、18頁、図表2）

第2節｜情報セキュリティの基本的考え方

1 ▶ 情報セキュリティの三要素

□ これまでは「機密性」が重視されていたが、今後は「完全性」に着目する。

□ 技術的対策に万全を求めるよりも組織的に守る。

(1)　情報保護と情報セキュリティ

　ここで今一度、情報セキュリティの基礎をおさらいしたいと思います。まず、情報セキュリティとはなんでしょうか。情報保護とはなにが違うのでしょうか。

　私は「情報保護とは、適切な情報を適切な方法で収集し、定められた方法で処理、管理すること」であり、「情報セキュリティとは、収集した情報を、想定された方法で利用し、効用を確保するために、情報資産を不正な行為・脅威から守り、適切な対応をとること」と説明しています。簡単に言いますと、情報保護は「情報を正しく集めて、しっかり守ること」であり、情報セキュリティは「集めた情報を不正から守って、効用を確保して利用すること」だと考えます。

　つまりは、情報保護は集めて守る、情報セキュリティは守って使うということで、守る点では一緒ですが、集めることと利用することの違いがあるのです。

　具体的な例でお話しますと、学校などで新学年になると児童生徒の家庭の状況調査を行います。保護者は毎年のように子どもを取り巻く

状況を記載して提出していると思いますが、保護者の同意の元で情報を集めて、学校で管理するという方法は情報保護の範囲となります。

　一方で、なぜ情報を集めたのかという点からすると、児童生徒に事故が発生した際などに家庭に連絡を取る必要が生じた時や、生徒指導の際に子どもの環境をあらかじめ知っておくことなどに使うのでしょうから、集めた情報が機微情報であるからといって、校長室の書庫にしまってしまい、校長以外が開けられないのでは情報セキュリティとしては不完全だといえるのです。

　このように、情報セキュリティは利用したり、効用を確保したりすることが目的であるのですが、それ以上に守ることに注意がいってしまっているのではないかと案じています。

(2)　情報の「機密性・完全性・可用性」

　情報セキュリティの三要素として、機密性・完全性・可用性という言葉があります。「機密性とは、ある情報へのアクセスを認められた人だけが、その情報にアクセスできる状態を確保すること。完全性とは、情報が破壊、改ざん又は消去されていない状態を確保すること。可用性とは、情報へのアクセスを認められた人が、必要時に中断することなく、情報にアクセスできる状態を確保すること」をいいます（総務省「安心してインターネットを使うために　国民のための情報セキュリティサイト」soumu.go.jp/main_soshiki/jyho_tsushin/security/intro/security/index.html より）。情報セキュリティはこの三要素のバランスが保たれるよう、対策を施す必要があるのです。

　この章の冒頭で述べたように、自治体は住民の福祉の増進を図ることが目的とされていますので、業務を進める上で個人情報が次々と集まってきます。コンピュータを用いた情報システムの活用によって、情報共有が図られていく過程では、集まってきた情報を定められた方法で利用し、管理すること、つまり情報保護に気を使う必要があったのです。

　個人情報保護は、今後も自治体運営では欠かすことができない大事な施策であることに変わりはありませんが、自治体DX推進に当たっては、加えて効用確保や活用に目を向けてもよいのではないかと考えます。

　その際に気を付けなければならないのは、データが正しくあること、使いたいときに使えること、つまり完全性と可用性です。最近はランサムウェアというマルウェア（ウイルス）が猛威を振るっています。これまでのように組織のネットワークに侵入して、データを盗んで売りさばくのではなく、ネットワークに侵入して、データを暗号化してしまい、データ復元を条件に組織そのものからお金を取ろうとするものです。世界中の大手企業が被害に遭っていますので、決して油断してはなりません。

　ここに来て、データバックアップが見直されていますので、可用性の問題は一定程度保たれるかもしれませんが、たとえ数時間であってもデータが元に戻ってしまうと、その間に更新されたデータやそのデータと連携を取っているデータが正しくなくなってしまいます。この点からも、今後はいかにして完全性を担保するのか、その技術を考える機会が増えるものと思います。

（3）　組織的な対策の重要性

　情報セキュリティは様々な視点での対策が必要です。総務省ガイドラインでは、「物理的セキュリティ」「人的セキュリティ」「技術的セキュリティ」と3つの視点から対策を考えて、それらを組み合わせることで、情報セキュリティの底上げを図ることとしています。

　いくつかの対策を組み合わせることで情報漏えいを防ぐ仕組みを「多層防御」といって、高価な製品を一つ入れるのではなく、何段階もの対策を重ねて、侵入や漏えいを防ぐ仕組みが推奨されています。

　ICTツールの選定においては、デジタルの情報には技術的セキュリティが有効であると思いがちで、事業者にどのような技術的セキュリ

ティが可能かを相談することが多いと思いますが、私はアナログの情報が数多く残っている自治体の情報セキュリティでは、物理的セキュリティや人的セキュリティをおろそかにしてはいけないと思っています。

　物理的セキュリティについては、建物上の制約や予算上の制約などもありますので、どんな自治体でも力を入れて取り組める人的セキュリティに目を向けてみてください。どんなに素晴らしい仕組みを作っても、本来のアクセス権限のある職員が情報を持ち出してしまうことを防ぐことは簡単ではありません。研修や訓練など、総務省ガイドラインには淡々と書かれていますが、これらに実効性を持たせるには、情報システム部門だけでは不可能です。

　総務省ガイドラインでも、対策基準の第一に組織のことが書かれています。情報セキュリティ対策を高めるためには、なにはさておき、組織体制を構築することが第一です。

　自治体情報セキュリティにとって、対象となる脅威は不正アクセスやサイバー攻撃だけではありません。自然災害やインフラ障害のような防ぎようのない事態もあれば、内部不正といった技術的セキュリティ対策では防げない事態も想定しなければなりません。

　自治体にとって、「ヒト」「モノ」「カネ」と同等かそれ以上に「情報」が重要資産となった現在において、上層部が情報セキュリティに理解を示し、組織全体で情報を守ろうとする体制づくりが必要です。「CSIRT」（シーサート：Computer Security Incident Response Team）といわれる自治体の情報セキュリティ対策全般を担うチーム（情報システムの他に、財務や法規、広報などを加える）を構築していない自治体は、今すぐに着手していただきたいと思います。

2 ▶ 自治体DX推進とネットワーク分離

- ☐ テレワークでみえてきたネットワーク分離の限界を知る。
- ☐ ますます重要になるのは認証という仕組みである。

(1) ネットワーク分離によるセキュリティ対策と業務への影響

　情報セキュリティ対策の技術的セキュリティとして、ネットワーク分離があります。アナログの物理的セキュリティと似た考え方ですが、閉じられた空間の中で作業を行ったり、そこに情報を保管したりすれば安全で、外での作業や保管は情報漏えいや盗難の危険性が高いという考え同様に、閉じられたネットワーク（出口にファイアウォール（防火壁：「通過させてはいけない通信」を阻止するシステム）を置いた内側）は安全であるという考え方です。

　2015年の総務省の「自治体情報システム強靱化向上モデル」はこの方法に基づいて、「個人番号利用系」「LGWAN接続系」「インターネット接続系」のそれぞれの出口をしっかりと閉じて、他のネットワークと行き来ができないようにするという方式を取るよう通知しました。

　マイナンバー制度の開始時期に重なったこともあり、私が知る限りでは全ての自治体がネットワークを分離して、インターネット接続を都道府県に集約したと聞いています。この成果もあって、自治体からの情報漏えいは職員のミスによるものが大半となり、外部からの不正アクセスやサイバー攻撃によって重要情報が流出したという事案は聞かなくなりました。

　しかし、開始当初から「インターネットでの調べものをするのに、別のパソコンを立ち上げなければならない」「インターネットから届

いたメールの添付ファイルは、USBメモリーを用いてLGWAN接続系に移す必要が生じる」といった不満が出ていました。

仮想デスクトップを取り入れて、一台のパソコンで操作できるようにしたり、サニタイズ（もともと「消毒する」「無害化する」などの意味：特別な意味を持つ文字の特別さを無効化する）製品を使ってファイルを自動で取り入れたりするなど、お金を使って技術的セキュリティを調達して、不都合を取り除く努力をしてみても、必ずしも不満がなくなるわけではありません。

それどころか、都道府県の情報セキュリティクラウドでは、コンテンツフィルターで制限がかかってしまうために、別のパソコンを調達して児童生徒のSNS情報を監視しなければならないという事態も起こっていました。また、事業者からのメールによるファイル送信では無害化されて使いものにならないからといって、独自にファイル交換サービスを契約して、事業費を流用しなければならないといった「シャドウIT（組織の管理外のIT利用）」が気になるところとなっていました。

さらに新型コロナウイルス感染症による出勤制限によって、在宅での仕事が余儀なくされてしまった折には、広く出回っているテレワーク用のツールを調達しても、インターネット接続系にアクセスすることしかできず、職員はUSBメモリーやプライベートで使っているメールアドレスを使って仕事用のファイルを取り扱うという好ましくない状態を強いられることとなりました。Web会議用のライセンスを調達しても、都道府県の情報セキュリティクラウドを介しての利用が許されていないことから、Web会議専用のパソコンも調達しましたが、そこでのファイル共有が面倒であるので、それも使われなくなるという情けない状況に陥ってしまいました。

2015年当時は巧妙化された標的型攻撃のリスクを回避するためには、ネットワーク分離が最も効果的であったことは間違いありません。そのことはこの6年間の自治体における情報セキュリティ事件・事故

の動向を見れば一目瞭然です。

　しかしながら、クラウドコンピューティングが主流となり、インターネットの先にある新たなサービスの利用が事務の効率化や高度化に寄与している社会情勢を考えると、ネットワーク分離によって情報保護を図ることに情報セキュリティ対策の重きを置く考え方も変える時期に来たのではないかと思います。

　幸いなことに、技術の進展により、高度な情報セキュリティツールが安価に入手できる時代となってきました。自治体DX推進に当たっては、情報セキュリティのあり方も見直しが必要であると強く訴えたいと思います。

(2) 「ゼロトラスト」のセキュリティ対策

　最近では「ゼロトラストネットワーク」という考え方が現れてきました。簡単に説明すると「クラウド上にデータを預ける時代にあっては、ファイアウォールによる保護には、限界が生じてきている。信頼のおけるネットワークはあり得ないという前提で、データ活用のたびに正しいアクセスであるかどうかを調べる情報セキュリティの考え方」とでも言えるでしょうか。

　まさにクラウドバイデフォルトの時代にふさわしい考え方であると思います。ここに来て政府系の会議においてもゼロトラストの論議がなされるようになりましたので、ネットワーク分離に代わる次世代の情報セキュリティのあり方なのかもしれません。

　ただし、これまで作り上げてきた情報セキュリティの環境を一から作り替える必要はないと思います。特に総務省は2020年8月の通知において、大量又は機微な住民情報を扱う業務については、一部を除きテレワークの対象外とする、としています。これについては、先に述べた通り、個人番号利用系にある情報については、活用よりも保護に重点が置かれていますので、個人番号利用系ネットワークについては、これまで通りネットワーク分離によって守ればよいと考えます。

　一方で、LGWAN接続系とインターネット接続系においては、リモートからの活用も可能との通知が出されたわけですので、この2つのネットワークを、ゼロトラストの考えによって相互の通信を可能にする方法はありではないかと考えます。

　この考えは、実は2020年12月の総務省ガイドラインの改訂にも隠されています。総務省ガイドラインの第3編第2章に情報セキュリティ対策基準の解説がありますが、「3. 情報システム全体の強靱性向上」の解説中に β' モデルの図が出てきます。この図には「※マイナンバーの情報連携や国、他の自治体との重要情報の連絡（LGWANメール等）に、引き続きLGWANを活用」の文字があります（図表6）。

　私は、β' モデルを採用した際には、個人番号利用系以外のほとんどの業務がインターネット接続系で可能となるので、LGWAN接続系を利用するシーンは限られてしまう、つまり、注釈にある業務以外はインターネット接続系でしっかりと情報セキュリティ対策を施して行えばよい、と受け取りました。

　このように、ゼロトラストネットワークの考え方は、総務省でも意識されつつあると思います。大量または機微な個人情報は個人番号利用系でしっかりと保管して、それ以外の業務については、ゼロトラストの基本である認証や認可をしっかりと行う仕組みを取り入れて、自治体DX推進に足並みを揃えた、次世代の情報セキュリティの考え方に移行していきましょう。

　私が支援している自治体で調べてもらったところ、パソコンログインに始まり、グループウェアの利用や業務システム利用のたびに、さらにはファイル交換ソフトや事業者とのファイル交換時の取り決めなどで、多い職員では一人10個ものパスワードを使い分けていることが判明しました。全てを正確に覚えることはとても難しいと思います。ここでパスワードをメモに残すリスクを広げるよりも、生体認証やワンタイムパスワードを取り入れて、パスワード管理の呪縛から解いてあげてはいかがでしょうか。

図表6　三層の構えによる自治体情報システム例（β'モデル）

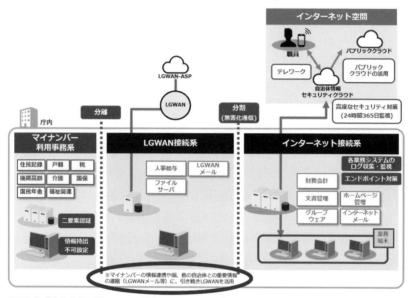

（総務省『地方公共団体における情報セキュリティポリシーに関するガイドライン（令和2年12月版）』2020年、iii -46頁、図表23、一部改変）

3 ▶ 自治体情報セキュリティで大事なこと

□ 自治体はパブリッククラウドを利用してはいけない訳ではない。
□ 守るべき情報と活用する情報とを使い分ける。

（1）　自治体におけるパブリッククラウドの利用

　クラウドバイデフォルトという言葉を使いましたが、自治体においてのクラウドはデータセンターと同義で用いて、まずはプライベートクラウドに移行することである、という考えがあります。

　前節でご紹介した文部科学省ガイドラインが、教育現場においては

リモートからの活用も当たり前にするため、その環境を手早く安価に実現するためにパブリッククラウドも視野に入れているのとは温度差があるように感じます。

首長部局側のパブリッククラウド活用は、まだ早いのでしょうか。

平成 20 年代、総務省では主に中小自治体に対して、いくつかの自治体で協議を行い、「自治体クラウド」を構築するように働きかけてきました。これに呼応して、これまでに全国で数多の自治体クラウドが稼働しています。この自治体クラウドは、業務システムの共同での調達・運用を指しています。

自治体の業務システムの利用に当たっては、調達、その後の要件定義やプログラムテスト、さらには運用開始後にも保守や法改正対応など、多くのマンパワーが必要となります。これを自治体間で協議を行って、複数の自治体での共同調達や開発、運用開始後の保守なども同一化することで、省力化や割り勘効果による費用軽減などを目指したのです。

最初の調達については、参加する自治体担当者による協議で仕様が固められ、それに沿ったシステムを事業者が提案し、最も適切な提案事業者とシステムを構築するという点では、それまでの業務システム調達と大きな違いはないのでしょうが、ここでクラウドという言葉が使われた理由は、調達の主体となった団体としての調達や運用はこれまでと違わなくても、個別の自治体からみれば、構築ではなく利用という形態に変わるからです。また、後から参加する自治体に関していえば、既にある業務システムを利用することとなります。

クラウドという概念がそもそも「インターネットという雲の中にある情報システムを利用すること」ですので、自治体クラウドは大きな違いがありますが、個別にハードウェアを用意して、個別にメンテナンスを行ってきた従来の業務システムの運用を「利用型」に替える、個々の自治体は利用料を払うことで安定して業務システムが利用できるようになるという点では、クラウド化というイメージに一致したの

です。

　自治体DX推進計画では、「（仮称）Gov-Cloud」（以下、「Govクラウド」という）という言葉が出てきます。Govクラウドについては、内閣官房の資料（「地方自治体によるガバメントクラウドの活用について（案）」）では「政府の情報システムについて、共通的な基盤・機能を提供する複数のクラウドサービス（IaaS、PaaS、SaaS）の利用環境であり、早期に整備し、運用を開始すること」となっています。

　政府の情報システムの構築基盤としてGovクラウドなるものを構築することとなります。先の内閣官房の資料ではGovクラウド上に各情報システムを構築することで、迅速な構築・柔軟な拡張、最新のセキュリティー対策、コストの削減などを実現できるとしています。

　特に自治体DX推進計画の重点取組事項のひとつである「自治体の情報システムの標準化・共通化」の対象とされている17の主要な業務のシステムにおいては、標準化に適合した業務システムをGovクラウド上に構築し、自治体はその中からシステムを選定することで、共通化を図ることを考えているのではないかと推測します。

　そうなれば、自治体の業務システムはGovクラウド上での構築が前提となり、パブリッククラウドの活用は無理なのではないかと受け取る職員も出てくるかもしれません。確かに先に三層の見直しのところで述べたように、「マイナンバー取扱事務のような大量又は機微な住民情報を扱う業務」は、リモート勤務での取扱いが許可されないように、情報セキュリティ対策が施されたGovクラウドでの運用がベストだと思います。

　しかしながら、Govクラウドは省庁や自治体、準公共分野など、限られたものにしかアクセスが許されません。住民や事業者は直接アクセスできないのです。

　このことから、「個人番号利用系」や「LGWAN接続系」の閉じられた環境で利用するシステムはGovクラウドで提供されるものの利用を第一に考えるべきですが、それ以外のβ'モデルにあるインター

ネット接続系での利用が認められるシステムや、住民や事業者に入力を求めるようなシステムにあっては、私はパブリッククラウドの活用を第一に考えてもよいのではないかと思います。

自治体DX推進とともに、Govクラウドの活用も当たり前になってくると、自治体でのプライベートクラウドの利用は減ってくるのではないでしょうか。

図表7　Govクラウドの活用

マイナンバー制度及び国と地方のデジタル基盤の抜本的な改善に向けて（案）（抜粋）

12/11 マイナンバー制度及び国と地方のデジタル基盤抜本改善WG資料から抜粋

「（仮称）Gov-Cloud」の整備

○ 国の情報システムについて、共通的な基盤・機能を提供する複数のクラウドサービス（IaaS、PaaS、SaaS）の利用環境（「（仮称）Gov-Cloud」）を早期に整備し、その運用を開始する。

○ これにより、業務改革（BPR）、業務・データの標準化等を前提に、「(仮称)Gov-Cloud」を活用して各システムを構築することで迅速な構築・柔軟な拡張・最新のセキュリティ対策・コストの大幅低減などを実現できる。

○ また、独立行政法人、**地方自治体**、準公共分野（医療、介護、教育等）等**の情報システムについても、「（仮称）Gov-Cloud」の活用に向けて、具体的な対応方策や課題等について検討を進める。**

自治体の業務システムの標準化・共通化・「(仮称)Gov-Cloud」活用

○ **自治体の主要な17業務を処理するシステム（基幹系システム）の標準仕様を、デジタル庁が策定する基本的な方針の下、関係府省において作成する。**これを通じ、「（仮称）Gov-Cloud」の活用に向けた検討を踏まえ、**各事業者が標準仕様に準拠して開発したシステムを自治体が利用する**ことを目指す。

○ このため、**自治体の情報システムの標準化・共通化を実効的に推進するための法律案を、2021年通常国会に提出する。**

○ **国は、財源面(移行経費等)を含め主導的な支援を行う。**その際には、「（仮称）Gov-Cloud」の利用に応じた自治体の負担の在り方について合わせて検討する。

○ また、**目標時期を2025年度**とし、それに向けて自治体が対応に向け準備を始められる環境をつくる。その際、17業務の標準化並びに共通化について、それぞれの事務ごとに詳細な検討を深めた上で、デジタル庁が整備方針や標準化法の基本方針の下に全体を調整しつつ推進する。

○ なお、取組においては、**多様な自治体の実情や進捗をきめ細かく把握し、丁寧に意見を聴いて進める**とともに、自治体にわかりやすく目標・取組・スケジュール等の段取りを示し、適時・適切に調整しつつ、住民サービスの安定・向上と、自治体業務の円滑化・効率化を旨として、推進する。

（出典：総務省『自治体DX推進計画概要』2020年、10頁）

(2)　情報の見極めと使い分け

以上のことから、自治体情報セキュリティで大事なことは、守るべき情報と活用すべき情報とを見極めて、使い分けることであるといえます。

マイナンバーのあるなしにかかわらず、個人が特定できてしまう情

報は、機密性を高めて、本人であることの確認を前提に、活用は限られた場面で行うべきだと思います。一方で、匿名加工された情報については、完全性の担保を前提に、様々な情報と掛け合わせることで、地域の特性や隠れた民意を見つけることに使うべきだと考えます。

　昨今「EBPM（Evidence-Based Policy Making）：エビデンスに基づく政策立案」と呼ばれる考え方が注目されています。これまでの勘や経験、一部の大きな声に基づく政策ではなく、客観的なエビデンス（根拠や証拠）を元に、データに基づく政策立案を行うために、活用すべき情報は可用性を高めて、多くの関係者に利用してもらえるようにすべきだと考えます。

4 ▶ 自治体DX推進での情報セキュリティ

■ 職員に頼らずに情報を保護するにはICTツールが必要となる。

■ スマートな社会にはスマートな情報セキュリティが求められる。

　これまで情報セキュリティが自治体DX推進に欠かせない要素であること、さらには自治体の政策立案にも影響を及ぼすことを述べてきました。ここでは、それらに加えて、情報セキュリティは、この本のテーマでもある自治体職員の仕事の仕方にも寄与するものであることを説明したいと思います。

（1）　ICTツールの導入でインシデントを防ぐ

　J-LISの情報セキュリティ支援コーディネーターを務めている私の元には、自治体の情報セキュリティインシデント（事件・事故）報告が入ってきます。それは途切れることなく、毎週数件にも及ぶ情報で

す。特に最近では、感染症患者の情報漏えいという、あってはならない事故の報告があり、心を痛めています。病院や保健所など、医療機関からの漏えいが多いことは、デジタル化への対応が遅れていることの裏返しではないかと考えます。ワクチン接種において、国が構築したシステムへの入力がおぼつかないのは、それを裏付ける事実ではないかと感じます。

　感染症患者の情報漏えいでいいますと、FAXの送信先を間違えたという事故が複数起きています。一昔前までは、FAXという相手を特定する通信を用いた情報伝達は優れた手法でしたが、デジタル化が進んだ現在においては、もっと違う優れた手法を考えるべきです。

　最近はパソコンを通じたFAX送受信が出来るようにもなりましたが、原則アナログの情報を電話通信に乗せて相手に送りますので、届く情報はプリントイメージの情報となります。ファイルの送受信であれば、その中の一部を取り出して、他のファイルやシステムに入力できるのですが、それが出来ないFAXを利用するのは、「見せるだけ」「知らせるだけ」でよい場合に限るべきでしょう。

　自治体の情報セキュリティインシデント報告で気になるのが、原因とともに再発防止策です。FAX誤送信の原因はうっかりミスによるものがほとんどですが、それに対する再発防止策が「複数の職員が確認する」という内容であると、正直ガッカリしてしまいます。

　メールの誤送信による情報漏えいの報告書でも、再発防止策が「複数の職員によるチェック」などとなっていますが、上司が発信の指示を送るようなツールを入れるならば別ですが、担当者が送信先を選択・入力し、送信動作を行うFAXやメールにおいて、複数の職員のチェックが真の再発防止策になるのでしょうか。

　多くの自治体には、受け取ったデータを転記して、サービス受給者に結果を通知するという業務があると思います。例えば、障害者手帳の交付において、県から届いた結果を申請者に通知する業務や、検診センターから届いた健康診断の結果を受診者に通知する業務などで

す。これらの業務では個人の機微な情報を扱いますので、ミスがあってはなりません。

　しかし、これまで自治体は「複数人によるチェック体制」でミスを防ごうとしていた、というのがほとんどではないでしょうか。これらの業務では、万が一のことを想定した、情報セキュリティでいわれる「フェールセーフ（トラブルが起こることを前提に起きても大事に至らない設計）」の思想が大事なのですが、デジタル化が進んできた今日においては、「そもそも転記する必要があるのか」を考える姿勢も大切です。

　手帳や検診結果はアナログであるとしても、データをデジタルで受け取ることは難しいことではありません。デジタルで受けたデータをツールなどを用いて結果通知に印字すれば、ミスは大きく減るはずですし、そもそも自治体が介在する必要はあるのか、という視点で業務の見直しが可能となります。

　これからの人口減少社会において、自治体職員の数が現状維持のままでいられる訳はありません。社会の進展スピードが増して、次々と新たな課題に対処しなければならない職員が、メール送信やFAX送信のダブルチェックにどれほどかかわれるのでしょうか。データでもらえば済むことを、わざわざ転記して、さらにダブルチェック・トリプルチェックするほど、職員は余裕があるのでしょうか。

　人生経験を長く積んできた方は、人が行う行為のわずかなミスを見つけることが、いかに難しく、神経と時間を費やす事であるのかをおわかりになると思います。そのようなベテランの管理職員が、ダブルチェック・トリプルチェックと言うことが多いのが現状ではないかと推察しますが、これは、代替案が見いだせないのか責任放棄なのか、どちらかではないでしょうか。

　デジタル化の恩恵は、人が行う作業を減らすこと、特に何度も同じことを書かずに済んだり、転記処理を行わずに済んだりといった省力化にも現れます。

　人が行う作業を代行するという点では先に紹介したRPAがありますが、ロボットだからといって、全てのデータを漏れなく作業できるかといわれれば、そうではありません。想定外のデータが来た時にはエラーを起こすこともあるでしょう。しかし、100％正しい行動が出来ないからといって、RPAが使えない訳ではありません。そこに職員が介在すればいいのです。

　RPAの処理を職員がチェックするにせよ、職員の処理結果について、RPAを利用してミスを見つけるにせよ、本来であれば二人の職員が行うべき作業が一人で済むこととなります。

　さらには、自治体DX推進によって、例えば検診結果は自治体を介さずに、検診センターから直接送付する仕組みを考え出すことも可能となってくるのです。

(2)　「スマートな情報セキュリティ」を身に付ける

　このように、自治体DX推進は、情報漏えいなどの事件・事故の抑制に加え、職員のチェック体制のあり方にも効果があることをご理解いただけたと思います。その際に留意いただきたいのは、RPAや業務委託など経費がかかることを取り入れずとも、身近にあるICTツールの活用でも実現が可能であるということです。

　自治体のパソコンには既成のソフトやグループウェアなど優秀なツールが多数搭載されています。なにも専門知識を身に付けて、マクロを組む必要はありません。既成のソフトには検索や校閲の機能が付いていますし、グループウェアには誰が閲覧したのかがわかる機能などもあります。それらを用いて自分の作業を自分でチェックできたり、自分のチェックの前に誰がどのようなチェックを行ったのかがわかったりします。

　このように既存のツールが持っている機能をいかに業務に活かしていくのかも含め、今後は情報リテラシーの能力が評価されるべきかと思います。

　最後にひとつ付け加えるのは、デジタル化には先に述べた「フェールセーフ」の他にも「フールプルーフ（間違った使い方をしても大事に至らないような設計）」や「フェールソフト（障害が発生しても機能を落として使い続けられる設計）」といった様々な配慮を加えることが可能となる利点があります。間違って削除してしまっても復元が出来たり、通信が途絶えてしまってもパソコン内部で処理が出来たりといった安全・安心の設計が、情報セキュリティを施すことで可能となるのです。

　情報セキュリティは奥が深く、日々新たな技術が生み出されるので、完全に理解することは困難です。しかしながら、これからのスマート社会では、深い知識がなくても、ICTツールに備わっている便利なツールを有効に活用することで、安全・安心に使うことが可能となる「スマートな情報セキュリティ」が標準化されることでしょう。

　「情報セキュリティは難しい」と思われがちですが、自治体職員には最低限の知識を身に付けていただき、ICTツールに備わっている情報セキュリティ機能を意識して利用することで業務の質を確保して、市民や関係者からの信頼を得られるよう努めていただきたいと思います。

第 4 章

職員も住民も納得の
新しい仕事の仕方

第1節 「人に優しいデジタル化」が 自治体DXの重要ポイント

1 ▶ デジタルデバイド対策

- ☑ 総務省の取組みは地域人材の発掘が主眼である。
- ☑ デジタルデバイド対策は一過性のものではない。

（1）　デジタル活用支援員

　自治体がデジタル化を進めていく上で、無視することが許されないのが、デジタルデバイド（情報弱者）への対策です。自治体が行う申請手続きやイベント申込みがパソコンやスマートフォンから「いつでも・どこからでも」行えるようになったとしても、機器を持っていない人や操作に不慣れな人が不利を被ってしまってはいけません。

　民間のサービスでは既に「オンライン専用」の手続きが出始めていますが、自治体の提供するサービスは、幅広い層を対象とすることから、「オンライン以外は受け付けません」という訳には行きません。ましてや、この後に述べるように、デジタル化のメリットは、高齢者や障がい者などが利便性を享受できることにありますので、自治体はデジタル化を進めるのと同時に、デジタルデバイド対策にも着手しなければならないのです。

　2020年度に総務省では「デジタル活用支援員推進事業」の地域実証を実施しました。この事業の公募要領によりますと、前年に発表された「デジタル活用共生社会実現会議」の報告書にある「高齢者、障害者等（以下、「高齢者等」という）がICT機器を利活用することで、

AI・IoTによる恩恵を受け、活き活きとより豊かな生活を送ることができるようにするためには、高齢者等が住居から地理的に近い場所で、心理的に身近な人からICTを学べる環境が必要である。そのため、「デジタル活用支援員」の仕組みを検討する。」ことを受けて、「地域において支援員を集め・育成し、高齢者に対して活動を行い、その結果を内外にアピールする一連のフローについて実証を行い、そのフローに関するモデルを確立するものである。」とあります（総務省「令和2年度デジタル活用支援員推進事業　地域実証事業　公募要領に係る補足説明資料」https://www.soumu.go.jp/main_content/000683096.pdfより）。

　私は「デジタル活用支援員の全国展開に向けた調査研究」の委員会の委員として、実証に参加した12の団体（ほとんどが自治体を中心とした協議会）の成果を見届けてきました。この事業は2021年度には「利用者向けデジタル活用支援推進事業」として、携帯ショップや公民館など全国1,000か所程度で、オンラインサービスの利用方法等を説明する事業へと発展し、自治体DX推進計画でも「自治体ＤＸの取組みとあわせて取り組むべき事項」として掲載されています。

（2）　デジタルデバイド対策の方向性

　総務省の事業が、高齢者向けのスマートフォン説明会に傾きつつあることに一抹の不安を覚えますが、全国各地で講習会を行い、スマートフォン操作の習得やマイナンバー制度の理解につなげていくことは大いに賛成です。一方で、私がこの事業の委員に就任するに当たって、総務省の担当者からは「民生委員制度のデジタル版」という説明がありましたので、自分の中では「自治体から任命されたデジタル活用支援員が、地域の情報弱者の元に出向いてオンライン申請のサポートを行う」といったイメージを持っていました。

　「デジタル活用共生社会実現会議」の報告書では、デジタル活用支援員について、「支援員の候補者としては、地域における高齢者や、

125

既に地域で高齢者に対してパソコン教室などを実施しているNPO団体の構成員に加え、ICTに一定以上の知識を有する携帯電話事業者や携帯電話販売店、ICT機器メーカー・家電量販店・ベンダー等の従業員が想定される。なお、支援員は、高齢者等にとって身近な存在であることが望ましいため、年齢等を含め特段の制限は不要と考える」、「地域の町内会・自治会や同様に地域における高齢者等への支援を行っている社会福祉協議会や地域運営組織、シルバー人材センター等とも必要に応じて連携することで、より高齢者の要望を反映しやすくするよう務める必要がある」とされています。

　地域に存在する幅広いICTプレーヤーに参加を促しながらも、町内会や自治会、社会福祉協議会などとも連携するには、自治体が核にならざるを得ないでしょう。実際に2020年度の地域実証においても、代表企業に丸投げした団体よりも、自治体職員が働きかけた団体のほうが、成果報告に多くの知見を残しています。

　自治体においては、自治協働の部門や高齢者支援・障がい者支援、そして自治体DX推進などの複数の部門からなる検討の場を設けて、デジタルデバイド対策の一方策であるデジタル活用支援員の育成支援について、話合いを始めていただきたいと思います。

　デジタルデバイド対策は一過性の問題ではありません。集中的に講習会を設けて、高齢者にスマートフォン操作を教えても、次から次へと現れるAI家電のような新たなICTツールに対応するには相談者が身近にいるべきでしょうし、障がい者や外国人労働者など、新たな情報弱者の発生を防ぐことは叶いません。

　私個人の意見となりますが、今後のデジタルデバイドは高齢者よりも、スマートフォンが持てない、自宅に通信環境がないといった経済的困窮者になると考えます。このことからも自治体には「民生委員制度のデジタル版」の仕組みを考案して、息の長いデジタルデバイド対策を構築していただきたいと考えます。

2 ▶ 弱者のためにあるべきICT活用

POINT
- □ 障がい者の社会参加を促すためにICTを活用する。
- □ マイナンバー制度の目的は弱者に手を差し伸べることである。

(1) 誰もが等しくデジタル化の恩恵を受けるために

　デジタル化のメリットとして、「高齢者や障がい者などが利便性を享受できること」と述べました。申請のオンライン化は「いつでも・どこからでも」と言われているように、時間の制約や場所の移動からの解放を実現します。ですから、市役所に足を運ぶのが大変な高齢者や障がい者、時間に追われている子育て世代など「様々な事情のある人」にとって、より効果が発揮されます。

　このことから、自治体DX推進計画の「自治体の行政手続のオンライン化」においては、「特に国民の利便性向上に資する手続」として、31の「地方公共団体が優先的にオンライン化を推進すべき手続」の中に、子育て関係の15と介護関係の11の計26の、マイナンバーカードを用いて申請を行う手続きが選ばれたものと考えます。

　このように、社会のデジタル化は、「様々な事情による情報格差」の解消に役立つことはご理解いただけると思いますが、さらにこれを超えて、社会参加をうながす役割も担っています。

(2) 障がい者の業務を支えるICTツール

　先にあげた「デジタル活用共生社会実現会議」の報告書には、「障害当事者参加型技術開発の推進」という章があります。これまでは障がいを抱えている人が扱うICTツールは、個別のオーダーに応じた製品をメーカーが個別に作る「少量多品種の専用品」が大半でしたが、

高齢社会においては、その機能が高齢者の身体や認知の衰えをカバーする機能にも応用できることから、既製品やオプション品として、入手しやすくなるといわれています。

　組織としても、特別な製品を購入して、なおかつ組織のポリシーに則した情報セキュリティを施すことには二の足を踏まざるを得なかったでしょうが、職員が利用する製品と同等や、そこに組み込めば済む機能の追加であれば、ポリシーの適用にも負担がなくなることから、ICTツールを用いた業務においては、一般職員と同様の作業を障がい者にもお願いできることとなります。

　私たちが日常使っているパソコンなどのICTツールにも様々なアクセシビリティ対応機能が付いています。文字を読み上げる機能や言葉を文字に変換する機能、特殊な指の操作を必要としない機能はキーボードだけでなくマウスにも付いてきました。また各種ソフトウェアにも同様の機能が付加されています。ある図書館システムの調達においては、アクセシビリティ機能が評価項目のひとつになっていました。これからのICTツール選定では大事な評価項目になることを実感しました。

　図書館システムのように多くの利用者が扱うシステムは、行政手続きのオンライン化が進むとともに増えるでしょうし、申請を処理する側である自治体にも障がいのある職員や定年延長によって一緒に働く高齢者など、アクセシビリティ機能が必要となるケースは増えていきます。先の報告書には、ICTツールの開発に当事者の声を反映させる仕掛けが必要であると書かれていますが、自治体のICTツール選定においても、当事者の意見や現状の問題点をしっかりと把握した上で臨むべきだと考えます。

　このことは、なにも障がい者や高齢者などに限った問題ではありません。アクセシビリティ機能がICTツールに標準搭載されれば、普段の業務にも応用が利き、利便性を高めることも可能となります。実際私はこの原稿作成で、マウスを一切使わずに入力していますし、時々

音声入力を使っています。

(3) マイナンバー制度

ICTは弱者のためにあるということで、ここからはマイナンバー制度についてもそこに紐づけて考えたいと思います。

2015年に全国民への附番によって運用が開始されたマイナンバー制度ですが、制度設計に当たっては3つの目的の達成が描かれていました。すなわち「公平・公正な社会の実現」「国民の利便性向上」「行政の効率化」です。

私はまだマイナンバーという言葉が出来ていない時代から、早稲田大学の北川正恭教授や東京大学の須藤修教授が立ち上げた「わたしたち生活者のための共通番号推進協議会」の会合に参加させていただいておりました。外国の番号制度などについての研究成果が報告されていたわけですが、そこでの議論は「公平・公正な社会の実現」が主なテーマだったと記憶しています。

消費税の導入に伴い、我が国は幾度となく臨時の給付金制度を繰り返していますが、一律の給付金を繰り返していては赤字体質を改善することはできない、所得制限はある一時期における所得の多寡なので、真に困っている人を見つけ出すためには資産の多寡を把握しなければならない、限られた財源で本当に困っている人を救済するためには、申請ではなくプッシュ型の給付制度が必要といった議論から、マイナンバーの制度設計はなされたものと思っています。

国による過剰な利用や悪意のある第三者への情報漏えいを心配する世論に配慮して、税と社会保障、災害対策の3つの分野での利用から始めることとなりましたが、3つの目的を達成するためには、法改正によって可能となった戸籍情報や、今回例外規定を設けてシステムそのものにマイナンバーを保持し、情報連携を図ったワクチン接種履歴管理など、より多くの情報との連携によって、その効果が高まるものと思います。

　また、税・社会保障・災害対策それぞれの業務においても、預貯金口座と紐づくことで、効率的に困っている人への給付や負担の公平を図ることが可能となるといわれています。2021年に成立したデジタル改革関連法では、預貯金口座への紐づけ義務化は見送られてしまいましたが、当初はなかった「公正な給付と負担の確保」との文言が盛り込まれたことは注目に値します。

　マイナンバー制度には様々な批判の声があることも承知していますが、マイナンバーカードの普及も進んできましたので、多くの国民が関心を示して、情報の取扱いに注意を払いながらも情報を提供することで、「国民の利便性向上」と「行政の効率化」が実現します。そして本来目指していた「公平・公正な社会の実現」に近づくものと思います。真に困っている人に、自治体から手を差し伸べられる社会が実現することを願っています。

3 ▶ より多くの人が公務に携われるために

□ ICTツールの活用で自治体での障がい者雇用の形態が変わる。
□ 自治体の業務に携わる形態は雇用契約だけではない。

（1）　障がい者の公務をサポートするコミュニケーションツール

　先にICTツールにアクセシビリティ機能が充実してきた、と述べましたが、ICTツールの導入がアクセシビリティの向上に寄与することが出来るようになったのであれば、誰にとってもICTツールを使っての業務については、職場である必要がなくなってきます。

　これまでに述べているように、「個人番号利用系」の大量で機微な個人情報を扱う事務については、行える場所が限られていますが、そ

うではない、「内部情報系」といわれる事務や匿名化した個人情報を使っての統計処理や資料作成など、自治体が環境を整えることでテレワークでの扱いが許可される業務については、自宅であったり、障がい者に配慮された施設であったりと、働きやすい環境の下で業務を行えるようになります。

これまでは市役所や学校という現場で働くことを前提に、障がい者雇用の募集や採用を進めてきたかと思います。しかしながら、デジタル化の進展とICTツールなどのアクセシビリティ機能の充実により、必ずしも職場で働かなくてもよい時代が訪れると思います。そのためにも、先ずは自治体職員がテレワークが行える環境を整えなくてはならないのです。

障がいに関係なく、希望や能力に応じて、誰もが職業を通じた社会参加のできる「共生社会」実現の理念に基づいた障害者雇用促進法により、2021年3月から事業者に義務付けられた「法定雇用率」が引き上げられました。自治体や教育委員会には民間企業よりも高い雇用率が求められています。

これまで自治体では、障がい者雇用のすそ野を広げるために、市役所施設の見直しや、業務分担の見直しなどに取り組んできたことと思います。私も障がいのある職員と一緒に働いた経験がありますが、身体に負担がかかることがないように配慮していたつもりです。一方で、障害のある職員の方々は、障害のない職員と同じように働きたいと考えているのではないかとも思っていました。

しかし、コミュニケーションツールを導入すれば課題を解決することができます。例えば、聴覚に障がいがある場合、打ち合わせなどで、細かな言葉の聞き間違いから自分が否定されたと思ってしまうなど、行き違う可能性もあるかと思います。ここでコミュニケーションツールを活用すれば、双方のコミュニケーションはチャットでも行えますし、複数人での打ち合わせはWeb会議で行うことで、音声変換が利用でき、会議の途中で不明確な部分をチャットで確認するといったこ

とも出来るのです。

　高価なコミュニケーションツールが調達できないからといって、諦める必要はありません。ソフトウェアに搭載されている読み上げ機能や、グループウェアを使っての情報共有など、身の回りにあるICTツールの活用方法を工夫することで、課題を解決する手法は見つけ出せるはずです。

　ソフトウェアのバージョンアップには、アクセシビリティ機能の追加が含まれることが増えてきました。最新のバージョンにはどのような機能が追加されているのか、調べる習慣を持ちましょう。

(2)　ICTツールの進展で自治体の働き方も変わる

　これまでは障がい者雇用の視点からお話しましたが、ICTツールの進展は雇用の面だけでなく、様々な新しい働き方も生み出していることを知っていただきたいと思います。

　新型コロナウイルス感染症対策として、テレワークが一気に普及しましたが、これと足並みを揃えるかのように、副業や兼業という働き方が増えてきていることを耳にされたこともあるかと思います。自治体においても、職員の副業を認める自治体が現れ始めました。さらには本業である企業での勤務を辞めて「フリーランス」として働くという働き方も話題となっています。

　私自身も、豊島区役所で勤務をしながら、兼業申請を提出し、省庁の各種委員や総務省のアドバイザーを務め、その後に退職して、広い意味での「フリーランス」になっています。実際の経験から感じることは、デジタル化やICTツールの進展によって、私が兼業していた頃よりもはるかに効率が上がることから、公務員に限らず、今後ますます多様な働き方を選択する人が増えてくるということです。

　テレワークの普及は、通勤にかかっていた時間を他の用途に使えるようになったという点で、新しい働き方にさらなる拍車をかけるのでしょう。

　ここで言いたいことは、公務員の働き方ではなく、多様な働き方をする人が増えることで、自治体の業務、公務に携わる人の性質が変わってくるということです。

　これまでは自治体で働く職員は、正規職員のほかに、専門性を持った非常勤職員や一時的に雇用する臨時職員のように自治体と雇用契約を交わす職員と、委託事業者の下で自治体で働く職員や派遣会社から派遣されてくる職員など自治体と親会社が契約して働く職員との2つのパターンが主流であったと思いますが、今後はそこに「フリーランス」と直接契約するパターンが出てくるのではないかと考えています。

　私はすでに複数の自治体と、デジタル化推進のお手伝いをするために契約を交わしていますが、これまでの仕組みの中ですと、委託契約（準委任）を交わしたり、非常勤職員として選考を受けたりしてきましたが、これからは「必要な時だけ助言する」といった形式の契約もありなのではないかと考えます。

　同様に、フリーランスの人たちは専門性を持っているのでしょうから、「通訳」であったり「翻訳」であったり、「デザイン作成」をその時だけ頼むという働き方があってもよいのではないでしょうか。

　成果物を納めさせることで、委託契約でよいのではないかと思われるかもしれませんが、前述のとおり、自治体との契約は簡単ではありません。フリーランスの人々に業者登録を強いるのはいかがなものかと思います。

　地方自治法第2条にある「最少の経費で最大の効果を挙げる」ためにも、これからはフリーランスの活用も考えていただきたいと思います。そのことは、先に述べたように、障がいのある方が、たとえ外出が難しい状況でも、「職場」に捉われずに働く機会をもたらし、その能力を公務の仕事に発揮していただくことにもつながるのです。

4 ▶ 公共施設のあり方を見直す

POINT
- □ 場所ではなく業務の内容に合わせて働くという視点を持つ。
- □ ファシリティマネジメントでは施設の有効活用を考えることが重要である。

（1）　場所に捉われない働き方を考える

　デジタル化の進展とテレワークの普及は、働き方に影響を及ぼしていますが、これらは働く場所のあり方も大きく変えようとしています。すでに民間企業では、事務所機能の集約化や地方移転などが進んでいます。大企業が本社ビルを手放したというニュースもありました。

　最近「ABW（Activity Based Working）」という言葉を聞くようになりました。「場所ではなく人の活動に合わせた働き方」といった意味で使われているようです。これまで自治体では職場環境の改善に努めてきました。いかにすれば生産性を高められるかという視点で、机の配置を見直したり、会議スペースのあり方を考えたりなど、様々な工夫を試してみたことと思います。

　私は豊島区を始め複数の自治体の庁舎移転のお手伝いをしてきました。フリーアドレスを取り入れたり、ミーティングスペースを各所に設けたり、集中席を設けたりと様々なアイデアを取り入れてきましたが、基本的にそれらは本庁舎で働くことを前提とした取組みです。自治体でのフリーアドレスは、職場内での移動を柔軟に行うためであり、フロアを越えての移動などは意識されていませんでした。

　それに対して「ABW」では、業務の特性に応じて場所を選ぶ働き方となります。窓口職場の職員であっても集中して働きたい業務はあると思います。その際に職場を離れて集中できる場所に移れるよう、

本庁内の設えだけでなく、働き方も考慮する考え方となります。ミーティングについても、ベースとなる場所の設えだけでなく、リモートから参加する場合の環境についても配慮する必要があります。

これまで述べてきたように、これからは自治体職員も外に働きに行く場面が増えてくると思います。育児や介護で在宅勤務を行う職員も増えてきますので、職場をフリーアドレス化して、空いたスペースを有効に活用することも大事ですが、外出先で職場と連絡を取るケースや在宅では集中できないので、自宅近くの場所で働くケースなど、様々なケースを想定して、それぞれの最適な働き方を提案することとなります。

「ABW」の考え方を取り入れる際には、これまでの職場の環境改善に加えて、リモートワークや在宅勤務、そしてサテライトオフィスとしての出先施設までを含めたエリア全体での働き方を対象としなければなりません。総務省は支所や公民館などのサテライトオフィスに関しては、機微な個人情報の扱いも認めるとの通知を出しています。

この点を含めると、これまでは縮小化・統合の対象であった出先施設についても、施設のあり方を見直す時期にあるのではないかと考えます。

(2)　ファシリティマネジメントから住民サービスの向上へ

私は自治体DX推進とは、自治体の本庁舎で行われている業務だけを対象と考えてはもったいないと思います。自治体の抱えている施設のあり方、つまりはファシリティマネジメントにまで広げるべきではないでしょうか。

これまでのファシリティマネジメントは自治体の行財政改革の一翼を担ってきましたが、どちらかといえば、いかに施設全体の床面積を減らすかなど、維持管理経費の削減に目が行っていたのではないかと思います。

私は豊島区の庁舎移転の際に取り入れた各種のICTツールを、全

ての出先施設にも入れるように指示しました。無線LANやIP電話などを一斉に取り入れるにはお金がかかりますので、施設の改修に合わせて行い、数年かけて全ての施設が本庁舎と同様のICT環境となりました。環境が整った場所では、職員がICTツールを使えるようになり、施設長が自席から会議に参加出来たり、本庁舎の職員が現地に出向いても自席と同様の仕事が出来たりなど、職員の働き方が変わっただけでなく、これまでは支所では受け付けられなかった専門的知識が必要な相談業務に対して、本庁舎の職員を呼び出してWeb会議ツールを使って相談を行ったり、手話が必要な区民が訪れた際にも、本庁舎にいる手話通訳者を呼び出して、Web会議ツールを使って用件を聞くことが出来るようになり、住民サービスの向上につながったのです。

　今後ますますICTツールが導入されていくと、それを使える場所が本庁舎と同等の機能を持てるようになります。先のICT活用支援員は町内会や自治会を単位とすることが望ましいとなっていました。であるならば、支所や公民館などがICT活用支援員の活動拠点となり、これらの施設に、キオスク端末といわれる自治体の申請手続きが出来る機器を設置することで、情報弱者の人がICT活用支援員の援助を受けて、オンライン申請を行うことが可能となります。

　全国ほぼ全ての自治体では、財務会計システムへの入力やグループウェアによる情報共有のために、支所や公民館だけでなく、学校や保育所など、多くの公共施設に行政系のネットワークがつながっているはずです。LGWAN接続系ネットワークに接続していれば、すでにテレワーク（サテライトオフィス）環境が整っていることとなりますし、もしも個人番号利用系ネットワークも通じているのであれば、そこでは個人情報の取扱いが可能となります。

　私は常々、学校や保育所で子育て関係の受付が出来てもいいのではないかと問題提起してきました。同様に福祉施設で介護の受付も出来るはずです。

　職員の数を増やすことなく住民サービスの向上を実現する。これは、ICTツールを有効に活用すれば、難なく出来るのではないでしょうか。

　本庁舎への機能集約から地域密着へ。地域の公民館などには規模の大きな建物もあります。金融機関などでは、支店の統廃合などで自行の建物を手放す動きが進んでいることから、公民館の空きスペースに銀行や電気・ガス・通信などのインフラ事業者を呼び込めれば、住民の利便性は高まります。

　いま一度、公共施設のあり方を見直してみてください。

第2節 | 自治体DXで実現する 住民満足度向上

1 ▶ 住民は自治体になにを求めているのか

□ 多様化する住民ニーズに対応するためにも、自治体DX
推進による業務見直しや軽減化が必要である。
□ 自治体は検討の過程や背景などを付加して情報を発信
すべきである。

(1)　住民ニーズの多様化と自治体DX推進

　自治体DX推進は自治体の業務を大きく変えることに主眼が置かれ
ますが、忘れてはならないことは、変えたことによって住民サービス
が向上すること、言い換えれば住民満足度が向上することが本来の目
的ではないでしょうか。

　ここまでは高齢者や障がい者にデジタル化の恩恵をもたらすポイン
トをお伝えしましたが、それだけで満足してしまってはなりません。
ダイバーシティを実現した上で、すべての住民に「自治体は変わった」
と思っていただくためには、住民サービス全体の底上げを図る必要が
あるのです。

　日本の高度経済成長期に生まれ、安定成長期に学生生活を送った身
としては、当時と現在とでは社会が大きく変わったことが実感できま
す。一億総中流といわれたその頃の活気は失われてしまいましたが、
社会の成熟化と経済的な豊かさを感じられるようになりました。また、
精神的な豊かさが強く求められるようになったことから、住民のニー

ズは、経済成長への期待だけではなく、差別の排除や環境問題といっ
た課題へと、多様化・高度化しつつあります。

　社会の成熟化に伴って、個人の価値観の違いが明確となり、そこか
ら派生する生活様式も大きく変化してきました。経済的な豊かさとと
もに、人と人とのふれあいなど精神的な豊かさを味わうことのできる
暮らしを重視する方向にシフトしてきており、若い年齢層にも地域社
会への参加意識が高まっています。

　このように、住民が多様なニーズを持つのが当たり前になりました
が、一方で、国・自治体ともに財政の危機的状況は深刻さの度合いを
深めていて、多様化・高度化する住民ニーズに行政だけで対応するこ
とは、質的にも量的にも限界を迎えているといえるのではないでしょ
うか。

　この点からも自治体 DX 推進によって、業務そのものを作り替え・
軽減化して、住民の満足度を向上させる必要があるのです。

(2)　自治体の情報発信のあり方

　自治体 DX 推進は、自治体内部の事務が対象になると思われがちで
すが、私はそうは思いません。先のデジタルデバイド対策は自治体
DX 推進に欠かすことのできない課題ですし、自治体のデジタル化を
進めることが、高齢者や障がい者に活躍の場を提供することにつなが
ることも、これまでに述べてきました。

　自治体 DX 推進は、自治体内部の効率化によって、職員に余力をも
たらし、住民ニーズに対応するマンパワーを生み出すという内部の側
面と、自治体がデジタルを用いて関係者との関係を一層深めて、自治
体の業務にかかわる人材を増やすという外部の側面の両面を持ち合わ
せています。

　自治体内部の効率化については、第 2 章で豊島区役所での事例など
を中心に持論を展開してきました。もう一方の自治体外部の人材強化
について、私は「自治体の情報提供」に解決の鍵があると思っていま

す。

　「自治体の情報提供」とデジタル化の推進とがどのようにかかわるのかについては、この後順番に述べていきますが、デジタルに依る依らないにかかわらず、情報提供が大事であることは理解いただけると思っています。

　新型コロナウイルスへの対応を振り返ると、国からの情報提供がいかに大事であるのかがおわかりいただけたと思います。時間の経過とともに、国民には感染症に対する恐怖が他人事のようになってしまい、トップのメッセージが届かない事態となっていると思います。一方、ドイツなど外国の事例では、トップが科学的根拠に基づいたエビデンスを伝えることで、日本よりも強い制限を国民が受け入れたという報道がなされていました。

　国からの情報提供のみならず、感染症においては様々な報道が流れ、なにを信じてよいのか迷うこともしばしばありましたが、私のように様々な自治体を訪問する人間は、訪問先の自治体が発信している情報を頼りに、流行の状況や訪問時の注意点などを確認しているのではないでしょうか。

　新型コロナウイルス関連に限らず、私たちは国や自治体の情報を拠り所とします。その情報に根拠が付加されているかどうかで、納得度は随分と違ってくるのではないでしょうか。今回の感染症対策においても、トップがただ口で注意するのと、スーパーコンピュータなどのシミュレーションをベースに対策をお願いするのとでは、受ける印象が全く違っていたと思います。

　このことは、自治体トップの情報発信や、ホームページでの情報提供にとどまりません。自治体が新たな取組みを始める際に住民の協力を仰ぐ場合や、これまで行ってきたサービスを一部縮小しなければならない場合など、日頃の情報発信においても、なぜ負担が増すのか、なぜサービスを低下せざるを得ないのか、その根拠をしっかりと付加することが重要だと考えます。

　特に自治体では、意思決定の過程にあるものが先に出てしまうことを恐れますので、住民からすると、「決まったものを押し付けられた」という感情を抱いてしまいます。このことからも、検討の過程や背景などを付加して情報を発信すべきだと思っています。

2 ▶ 満足度向上の鍵は「住民が参加できること」

□ 住民からの一方通行では満足度の向上にはつながらない。
□ ICTツールは住民との対話の際に有効に活用できる。

　住民のニーズが多様化し、価値観の違いが明確になってきた現代において、全ての住民が満足する施策というものはあり得なくなってくると思います。新型コロナウイルス禍で実施された特別定額給付金についても、国民全てに等しく10万円を給付するという内容にもかかわらず、富裕層への給付は必要ない、国会議員は辞退すべき、出産日で区切ってしまうのは不公平などといった批判が出てきました。

　国であれ地方であれ、行政が行う施策には批判がつきものです。これを仕方ないといって切ってしまうのは簡単ですが、批判に耳を傾け、今後の制度設計に活かしていくのが、優れた行政運営だといわれています。これを実現する手段として、市役所の総合案内などには「市長への手紙」のような紙が置かれ、そこに意見を書いて投函すると、広報部門などを通じて所管部署に届けられ、返信希望の場合は所管部局からの回答が届くという仕組みが設けられています。多くの自治体では、このやり取りを定期的にトップに報告して、きちんと市長にも届くようになっています。

　自治体DX推進においては、これらの仕組みもデジタル化すべきですが、紙で行ってきたものをメールやSNSに置き換えるだけでは、

単なる電子化です。これからは仕組みそのものを見直す段階にあるものと考えます。（これまで行ってきたものを止めろと言っている訳ではありません。）

（1）　住民からの情報提供と行政のかかわり方

第1章ではスマホにアプリを入れて、道路の陥没や橋のひび割れなどをみつけた市民が写真を撮って投稿することで、市役所の担当部署に情報が届くツールを紹介しました。これなどもデジタルを活用した広聴のあり方だと思います。このツールの素晴らしい点は、役所への情報提供のみならず、提供した情報がどのように処理されたのかを知ることができるところです。ツールの設定によっては、投稿者を匿名化して、投稿者以外にも届いた情報の処理結果がわかる仕組みを組むことが可能ですので、アナログの問題点であった「匿名にすると返信が届かず、自分の意見が取り上げられたかどうかがわからない」という課題を解決してくれることとなります。

ただ私は、このツールは情報提供者からの一方通行になってしまう恐れを感じています。少し乱暴な言い方をすると、市民からの指示を自治体が受けて、対応した結果を表示するツールであるといえます。そこには自治体側の考えを示す場がなくて、対応が可能かどうかの判断は結果として表れるだけとなります。

今日の自治体は限られた人的資源と財源を有効に活用せざるを得ない状況下にありますので、たとえ善意の情報提供であっても、全てに応えることは難しいところです。対応が後回しになっているのは、決してさぼっているからではなく、自治体としての判断が働いていることを伝えなければなりません。

（2）　住民との効果的な対話を可能にするICTツール

ツールの進化によって、このような問題も解決していくと思いますが、ひとつの事例として、豊島区役所が実証事業として行った安全・

安心のまちづくりの取組みをご紹介します。豊島区ではWHOの国際認証制度であるセーフコミュニティを取得して、安全・安心のまちづくりを進めていますが、総務省の実証事業に参加して、GISツールを用いた池袋本町地区での安全・安心マップの作成に取組みました。地元の有志から成る協議会を立ち上げるとともに、豊島区が公開しているGISに機能を追加して、池袋本町地区にお住いの住民にGIS上にポイントを付ける権限を与えました。

　住民は日頃町を歩きながら、危険だと思った場所やヒヤリとした場所でGISを立ち上げて、自分の居る場所にコメントを付けて投稿します。協議会のメンバーが投稿を確認し、実地検分をした上で、区役所との定例会議の場で、優先順位の高い投稿を区役所に伝え、協議を行って改善していく、という取組みです。

図表1　GISツール活用の仕組み

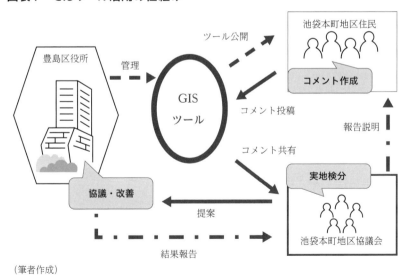

（筆者作成）

　先の投稿ツールとの違いは、投稿者と自治体との間に住民が介在し、住民の実地調査を経た上で、自治体への要望を行う点です。投稿者は

自分の投稿が採用されなかった際には協議会に尋ねることとなります。協議会の役員にはそれなりの負荷があるかと思いますが、日頃から自分たちの町を自分たちで守るという意識のもと、投稿者への説明も現地の立場を理解した納得性の高い説明になると思われます。

残念ながら池袋本町地区のGISを用いた取組みは実証事業の終了と共に、いったん終了しましたが、現在でも池袋本町地区は住民自治が盛んな場所として、豊島区との良好な関係が築けていると聞いています。

この時に作成したGISは現在も豊島区のホームページで公開されています。当時作成した安全・安心に関するデータに加えて、最近では、首都直下型地震での被害予想のデータや水害のハザードマップなどのデータを加えています。消防水利のデータや地質測量（ボーリング調査）結果のデータなど、他の自治体の公開型GISには出てこない情報なども掲載しているのは、税金を使って行った調査結果を紙で製本して情報公開コーナーに置くよりも、公開型のGIS上で誰もがいつでも検索できるほうが有効に使ってもらえるとの判断からでしょう。

私が豊島区役所勤務時代に、地区担当の管理職として町会長の集まりに参加した際に、各町会から街頭消火器設置の要望が複数出されました。その際、公開型のGISを持ち出して、消防水利のデータを見てもらいました。そこには学校のプールや消火栓の情報があるので、そこから半径50mとか30mの円を描くと、消防用ホースが届く場所が見えるようになります。この情報を元に消火器の重要性を考えてもらうことで、誰もが納得する優先順位を付けることが可能となりました。

このように、ICTツールは、自治体と住民との会話において、自治体の考えを伝え、住民との妥協点を探ることに役立てることが可能となります。さらには、事前に資料を作成して紙に打ち出した物を住民に渡すよりも、その場でパソコンを開いて、GISを立ち上げて、中心を変えてみたり、円の大きさを変えてみたりすることが出来れば、より効果は高まります。

　このことからも、私はテレワーク環境を構築して、リモートや支所などのサテライトオフィスで普段使いのパソコンが操作できるようにすることを、お勧めしているのです。

3 ▶ 広聴機能の整備で広報の充実につなげる

□ 自治体SNSの問題点は伝える一方であることである。
□ プッシュ型サービスであっても本人の意思確認は必要である。

(1)　SNSの活用と広聴機能

　昨今は自治体も各種SNSのアカウントを取得して、様々なツールで情報を発信するようになりました。一時期は全ての部門がアカウントを取得して、競うように情報発信をした自治体もありましたが、不適切な表現をしてしまって、大変な思いをして火消しに努めた事例などもありました。こうした例もありますが、自治体のSNS利用による情報発信は、定着したといってよいでしょう。

　ただし、情報が氾濫している今の世において、SNSによる発信情報を確実に届けるのは難しくなってきていると感じています。私のような自分からの情報発信を控えて、フォローや友達申請も最小限に抑えているユーザーであっても、半日アクセスをしないだけで、読み切れないほどの情報が集まってきます。ましてや数百のアカウントとつながりをもっているユーザーの目に留まるためには、効果的なハッシュタグをつけるなど、頭を使わなければなりません。

　本来SNSはコミュニティを作り上げるツールです。自分が発信した情報にリアクションがあるからこそ、相手に興味を抱くのであって、リアクションが通じない自治体アカウントは、発信内容も多種多様に

わたることから、全ての情報をキャッチしているユーザーは稀にしかいないでしょう。新型コロナウイルス感染症対策において、自治体があれやこれやと注意を促していますが、若い世代を中心に意図した程には伝わらない背景には、このような事情も含まれているのではないでしょうか。

　一方で、自治体のSNS活用が情報収集で効果を発揮したという事例もあります。地震や台風による停電や大雨による河川氾濫などで情報が分断された際に、自治体がSNSを使って情報発信をするだけでなく、被害者からの情報発信により、救助の要請や孤立した地区の状況などの情報を入手することができたという報道に接しました。これらを考えますと、自治体DX推進においては、住民との情報交換、つまり広聴機能の充実が自治体外部のパワー増強に欠かせないのではないかと思います。

(2)　市民向けポータルサイトの活用

　ホームページやSNSの自治体アカウントで情報を集めることには無理があります。そこに書き込みが集中してしまうと整理することさえ難しいでしょう。最近ではAIの言語処理機能を活用して、分類や傾向分析に用いることは可能となりましたが、まだまだ的を射た回答を自動で返すには時間がかかるのではないでしょうか。

　そこで活用が期待されるのが、市民向けポータルサイトの立ち上げです。自治体が用意したポータルサイトに市民が自ら登録をすることで、必要な本人同意も受けやすくなります。簡便なログインでは自治体が発信する情報の取得ができ、厳格な本人認証を経れば、本人に関する機微な情報の取扱いも可能となります。

　ポータルサイトの素晴らしい点は、自分用にカスタマイズが出来るので、自治体が広く発信する情報の中から、自分に関連する情報だけを得ることができることです。個人専用のページですので、公的個人認証サービスにより、政府が用意したマイナポータルにもログインが

可能となり、連携先から届く各種通知の確認や「ぴったりサービス」を使った電子申請も、問題なく使えることとなります。

さらには、ポータルサイトはメニューの追加が簡単に行えます。先ほどのAIの言語処理機能の活用についても、入り口を細分化することで、AIの精度はより高まります。

例えば、「子どもが発熱したので、どうしたらよいか」という問い合わせをSNSに投げかけた場合には、質問者の意図や子どもの年齢などを確認するところから始めなければなりませんが、市民向けポータルサイトにAIチャットボットの入り口とカテゴリーを設けた場合には、「医療」のカテゴリーからの質問であれば、他の症状を確認しますし、「保育」のカテゴリーから質問すれば、保育所を休ませるかどうかの基準を教えてくれるでしょう。家庭の状況をあらかじめ登録していれば、子どもの年齢や既往症などの情報をAIは加味してくれます。

自治体にとっても、カテゴリーが分かれていることで、統計処理したデータがより活用しやすくなるはずです。

マイナンバーカードの取得率が高まらないのは、利便性を感じないからであるというアンケート結果があります。市民向けポータルサイトに便利な機能を集めていけば、「ぴったりサービス」を含めて、それ以上の多くの機能が使えるようになることから、マイナンバーカードの取得にもつながるのではないかと考えます。

(3) プッシュ型サービスと本人の意思確認

今後は自治体への申請のデジタル化はもとより、自治体からのサービス提供のデジタル化が進むと、「Society5.0」の社会に近づくものと考えます。マイナンバー制度について触れた際に、「真に困っている人に、自治体から手を差し伸べられる社会」と述べました。これまでの申請主義では、給付を始めとするサービスの提供は、窓口に訪れた人、制度を知っている人だけが対象となっています。マイナンバー

制度によって真の生活困窮者をみつけ出し、各種のサービスにつなげるように、市民向けポータルサイトに自己情報を提供した市民には、該当すると思われるサービスを案内することが、「Society5.0」で実現すべき自治体の姿ではないでしょうか。

　その際に大事なことがひとつあります。「プッシュ型のサービス提供」というと、黙っていても給付金が振り込まれたり、サービス利用券が届けられたりするイメージをお持ちになられるかもしれませんが、たとえプッシュ型であっても、本人の意思確認は必要だということです。

　2020年の特別定額給付金では、ほぼ全ての自治体が、該当する全ての世帯員の氏名などの情報がプリント済みの申請書を対象世帯に郵送しました。今後はあらゆる申請書にこのような処置を施すべきだと思いましたが、それはさておき、この申請書には受給の意思を確認する欄（給付を受けたい人は「〇」印をつけるなど）がありました。

　決して特別定額給付金だけの話ではなく、これからの自治体サービスがプッシュ型になっていく上でも、本人の意思を尊重するという姿勢は忘れてはなりません。電子私書箱など、ポータルサイトに届いた通知に付いているリンクをクリックして、簡易な意思確認を取った上でサービスを提供する。そのような仕組みが必要だと思います。住民本位の行政運営、実現は決して簡単なものではありませんが、このような点から始めてみるのもよいのではないでしょうか。

4 ▶ 「関係人口」を増やす取組み

□ 暮らし方の多様化が「関係人口」を生み出している。
□ ICTツールを上手に活用して自治体の「ファン」を増やす。

(1) 「関係人口」とは

　最近自治体では「関係人口」という言葉が使われ始めています。総務省のサイトでは「「関係人口」とは、移住した「定住人口」でもなく、観光に来た「交流人口」でもない、地域と多様に関わる人々を指す言葉です。地方圏は、人口減少・高齢化により、地域づくりの担い手不足という課題に直面していますが、地域によっては若者を中心に、変化を生み出す人材が地域に入り始めており、「関係人口」と呼ばれる地域外の人材が地域づくりの担い手となることが期待されています。」とあります（総務省『関係人口』ポータルサイト：https://www.soumu.go.jp/kankeijinkou/）。

　人口減少社会では、減っていく人口を奪い合うことは望ましいことではありません。また、移住によって住民票を移すという行為は、家族との調整や移住先での住民関係など、大きな覚悟を伴うこととなります。

　社会のデジタル化によりテレワークが進むと、通勤や移動にかかっていた時間が新たに自由に使える時間として生み出され、副業や兼業が進むということがわかってきました。そこで、生み出された時間を自分の出身地のために使ったり、週末を地方で過ごす二拠点生活を始めた人が地方の仕事を請け負ったりといった、「行政でも住民でもない、新たな地域の担い手」を増やしていく取組みが可能になったのです。

　私自身も、アドバイザーなどで訪れた自治体には愛着を感じます。数日間の滞在ではあっても、そこでの縁が良き思い出となり、支援要請を受けなくても情報提供を行うような行為をしておりますので、それらの自治体にとっては「関係人口」の一人であるのかもしれません（本来の意味だと、アドバイザーとして訪問した時点で「関係人口」に加わっています）。

　総務省のモデル事業「関係人口創出・拡大事業」では、地域の担い手を増やす取組みとして、次のように分類して、事業を実施しています。

■関係深化型（ゆかり型、ふるさと納税型）：その地域にルーツがある者やふるさと納税を納めた者などを対象に地域と継続的なつながりを持つ機会を提供

■関係創出型：地域とのかかわりを持とうとする者を対象に地域と継続的なつながりを持つ機会・きっかけを提供

■裾野拡大型：都市部等に所在するNPO・大学のゼミなどと連携し、地域への関心を高めるための取組

■裾野拡大（外国人）型：地域住民や地域団体等と連携し、外国人との交流を促進し地域との継続的なつながりを創出

（参考：総務省：「関係人口ポータルサイト」（モデル事業概要）
https://www.soumu.go.jp/kankeijinkou/discription/index.html）

　新たな地域の担い手になることを前提としている「裾野拡大型」「裾野拡大（外国人）型」は別にすると、「関係深化型」にせよ「関係創出型」にせよ、どちらにしても、先ずは自治体を認知し、興味を持ってもらうことが重要となります。地域の担い手となるかどうかは別としても、この両パターンの人口を増やすことは、自治体のファンを増やすことであり、ふるさと納税での支援や、災害発生時の募金・ボランティア活動など、自治体経営にプラスとなることは間違いありません。

（2） CMSの活用と注意点

　ここで活躍するICTツールといえば、情報発信ツールにほかなりません。正規のホームページだけでなく、SNSや様々なサイトを立ち上げている自治体をみかけます。そこでひとつ気になることは、情報発信ツールの連携が図れていない自治体が見受けられることです。

　ひと昔前の、ホームページを職員がひとつずつ作成した時代とは違い、昨今はホームページをCMS（コンテンツ・マネジメント・システム）というツールを使って作成しています。このツールは書式や画像の共有が図られていますので、職員が発信したい情報をアップすることで、他のページと統一感のあるキャラクターなどが貼りついたページが生成されます。スケジュール機能を使って、指定の期日に公開したり終了させたり出来るほか、リンク切れをみつけたり、アドレスの変更に対応する機能もあります。

　このように様々な機能が付いていることから、価格はそれなりにするのですが、このCMSをサイトごとに調達している自治体が意外なほど多数あるのです。これは大規模自治体に限ったことではなく、財政面で困窮している中小自治体においても、首長部局のCMSと教育委員会のCMSといったように、2つ以上のツールを両立させている自治体があることは、CMSの知識があればすぐにわかってしまいます。

　複数持つことには問題点があります。それは財政面だけではなく、一番は情報の連携が図れなくなることだといえます。

　CMSの最大のメリットは、ひとつの情報をアップすることで、パソコン用のページやスマートフォン用のページ、さらにはデジタルサイネージ用のページなど、複数の様式を作り出せることにあります。例えば「複合施設が法定点検によって休館する」という情報は、CMSがひとつであれば、施設管理の職員が情報を入力することで、図書館や公民館、貸室などの関連するページに反映できます。スマートフォンサイトや施設のデジタルサイネージにも漏れなく情報が流れ

ます。

　一方で、CMSが別々であるとそれぞれに情報を入力しなければなりません。漏れなく入力したつもりでも、教育委員会への反映が漏れてしまって、子ども達が自習室を使いに来てしまった、などという失敗事例は山ほど出てしまうでしょう。

　自治体に住んでいない「ファン」からすると、情報の一元化はとても大きな問題です。その自治体の情報を集めるのに、こちらも見て、あちらも探して…では嫌になってしまいます。その土地を訪れて、素敵な思い出を作っても、再訪に当たって情報を得るために苦労を強いられると、その土地そのものの価値も下がってしまいます。

　CMSは間違いなく「関係人口」を増やすため、ファンをつなぎとめるためのキーとなるツールです。大きな予算を使って調達したのですから、関係する部署が連携して有効に活用しましょう。いま一度、組織にいくつのCMSがあるのか、確かめてみてはいかがでしょうか。

　また、先にあげた市民向けポータルサイトは、住民だけのものとせずに、「関係人口」との接点としての役割を持たせてはいかがかと思います。登録者の間口を広げ、住民でない人も自分用のサイトを作成して、自分が欲しい情報を集められるようにすれば、様々なサイトを渡り歩く必要がなくなります。当然ですが、市民向けポータルサイトとCMSとの連携は必須となります。

　さらには、市民向けポータルサイトは、住民を始めとした登録者と自治体との意見交換の場となるような仕掛けがあるとよいのではないかと思います。自治体からの案内通知に「いいね！」ボタンを付けたり、観光や商工施策の案内には簡単なアンケートを付けたりといったことです。

　意見収集といっても、言語処理を必要とすることばかりでなくてよいのです。民間のサービスを参考に、参加者意識を醸成する仕組みを考えてみましょう。きっと住民だけでなく、日本中に「ファン」が出来てくるのではないかと思います。

<table>
<tr><td>第 3 節</td><td>多くの関係者を巻き込んでの
自治体 DX 推進</td></tr>
</table>

1 ▶ 情報システム部門の強化だけでは足りない自治体 DX 推進

□ 各部門の代表からなるプロジェクトチーム的体制が自治
体 DX の推進力となる
□ 教育現場でプログラミング教育が始まったように、自治
体職員全員の教育が必要となる。

（1）　自治体 DX を推進する組織体制

　ここまで自治体 DX 推進について、現在の課題をあげることから始めて、行政内部の DX 推進、情報セキュリティのあり方、行政外部のDX 推進などについて解説してきましたが、最後にそれらを推進する組織体制について述べてみたいと思います。

　自治体 DX 推進計画では、自治体の取組内容として、6 つの重点取組項目に先立って、「自治体における DX 推進体制の構築」をあげています。総務省が、重点取組項目に取り組むに当たっては、組織体制の構築が前提になることを意識していることの表れではないかと、私はみています。

　「自治体における DX 推進体制の構築」には、「組織体制の整備」「デジタル人材の確保・育成」「計画的な取組み」「都道府県による市区町村支援」の 4 つの項目があり、いの一番に組織体制を整備すべきだとしています。

　第 1 章で、「DX 推進の部門を設けるならば、情報システム部門と

業務（行政）改革部門とを合体させるべき」と述べました。自治体DX推進計画では、個別の部門についての記載はなく、組織全体として「首長、CIO、CIO補佐官等を含めた全庁的なマネジメント体制の構築」を図るべきだと書かれています。まさにその通りで、どこの部門に任せるかではなく、自治体DXは全庁をあげて取り組むべき政策なのです。

国はこれまでに、1994年に閣議決定された「行政情報化推進基本計画」を始めとして、2001年の「e-Japan戦略」、2002年の「行政手続オンライン化法」の制定、2017年には「世界最先端IT国家創造宣言・官民データ活用推進基本計画」と、次々と自治体のデジタル化を促す政策を打ち出してきました。それに対して自治体側では、基本計画などに盛り込むことは行っても、組織をあげて取り組んだ事例は数えるほどで、多くの自治体では情報システム部門などに任せっきりではなかったかと思います。

今回のデジタル庁設置を含めた「デジタル改革関連法」についても、同様の扱いとなってしまう危険性はありますが、2020年から続く新型コロナウイルス感染症への対応や世の中のテレワーク推進などを考えると、今回こそは全ての自治体が組織をあげて行政のデジタル化に取り組むことを期待したいと思っています。

事実として、私が支援している全ての自治体では、2021年度の組織改正において、デジタル化を推進する部署を明確にして人員の補強をしていますし、同年度中に自治体のデジタル化推進計画の策定もしくは見直しを行うことを宣言しています。

過去の過ちを繰り返さないためにも、担当部署となった管理職員には、上層部に対して小まめに情報を上げて指示を仰ぎ、上層部に関心を持ち続けてもらえるよう、努力を惜しまないでいただきたいです。

これまでにあげてきた事例をみてもおわかりのように、自治体DX推進には、内部情報システムにかかわるものや市民の活動にかかわるもの、そして福祉や教育、地理情報にかかわるものなど、あらゆる部

門が関係してきます。自治体DX推進を担うこととなった部署は、このことを上層部に説明し、担当部署が調整で疲れてしまわぬような体制を整備すべきではないかと考えます。

　既に複数の自治体で、「自治体DX推進プロジェクトチーム」といったプロジェクトを立ち上げたという情報があります。構成メンバーは自治体によって様々だと思いますが、上記の理由から、私は全ての部門（大規模自治体であれば局、中規模であれば部、小規模自治体であれば課）からメンバーを選出すべきかと考えます。一般的にはメンバーは管理職員となるでしょうが、機動性を持たせるために、意識の高い一般職員からなる下部組織を複数設けることで、テーマに沿った具体的なツールの検討が進むのではないかと思います。

(2)　全職員で取り組むべき課題であることの認識

　体制面でもうひとつ大事なことは、「Society5.0」の社会に変革する上では、自治体でのデジタル化への取組みは、これまでの「情報リテラシーが高い職員のテーマ」とするのではなく、「全ての職員が取り組むテーマ」と位置付けることです。

　これまでは、意識の高い職員を中心にして職場のデジタル化を進めていたと思いますが、これからは全ての職員が自分の仕事のデジタル化に取り組まなければならなくなります。

　ある自治体では、これまで情報システム部門との連絡調整役を担っていた情報化の推進員は課長が指名することとしていましたが、今は庶務担当者にしたそうです。「手上げ制」が「職制」へと変わることで、モチベーションが下がるのではないかと心配する向きもありますが、この自治体では、この改正によって、デジタル化に対する職員の意識を「一部の職員が業務の合間に行うこと」から「課の業務として全ての職員が取り組むこと」へと変えさせる、というねらいがあるとのことです。

　こうしたねらいを実現するためにも、自治体の組織・人事制度で情

報化の推進員が行う業務を、自治体にとって必須の業務と位置付ける必要があると思います。

　当然ですが、情報リテラシーを高める研修なども、これまでの希望者を募る形から、採用後に順を追って高めていく悉皆形式にしていかなければなりません。

　2020年度から、小学校ではプログラミング教育が必修化され、2022年度からは高等学校でも共通必履修科目「情報Ⅰ」が新設されます。論理的思考を学んだデジタルネイティブな若者が自治体の職場に配属となる日もそう遠くありません。彼らを幻滅させないよう、今から職員全員の意識改革に取り組みましょう。

2 ▶ デジタル人材を増やすための仕掛け

□ 外部の有識者を活用するためにも、内部のデジタル人材の育成を進めることが急務である。
□ 管理職員の意識改革が自治体DX推進の成否のカギとなる。

（1）　外部人材の活用と職員の育成

　自治体DX推進計画では、「自治体におけるDXの推進体制の構築」の4つの項目で、組織体制の整備の次に、「デジタル人材の確保・育成」があげられています。この項目には「外部人材の活用」と「職員の育成」という2つの要素が盛り込まれています。

　「外部人材の活用」について、『自治体DX推進計画概要』の参考資料（27頁）では「CIO補佐官はCIOのマネジメントを専門的知見から補佐する役割を担うが、現在、外部デジタル専門人材を任用している市町村はほとんどない。また、今後のデジタル化を進めていくため、

外部から専門人材を招き、登用したいというニーズがある」として、2019年3月の総務省の「自治体情報管理概要」の統計資料を掲載しています。これによると、市区町村のうち、外部人材をCIO補佐官として任用している自治体はわずか37自治体、CIO補佐官を任命している自治体でみても3.2%となっています。

　私はこれまで複数の自治体と直接契約を交わしてきましたが、内容が委託契約であったり、任命内容がCISO（情報セキュリティ統括責任者）補佐官であったりしましたので、実際には参考資料の数字よりも多くの自治体が外部人材を活用していると思われます。しかしながら、委託契約やCISO補佐官では、デジタル化全体に目を光らせることは出来ません。このことからも、今後は全体統括が出来る立場に外部人材を活用する、という方針は大いに共感できるところです。

　私は豊島区役所に勤務していた2014年度と2015年度の2年間、CISOという大役を仰せつかりました。庁舎移転という大きなイベントがありましたので、その大役を機能させることが出来ましたが、これが平常時であったなら、いち職員である私の指示をどの程度聞いてもらえたか、全く自信がありません。当時でも、総務省の実証事業への参加やマイナンバー制度への積極的な参加に対して、他の部署に働きかける際には、自分の説明だけではなかなか納得を得られないため、知り合いの有識者に頼み込んで説明に来てもらった経験があります。

　私はこれまでの経験から、外部デジタル人材を全体統括に任用して自治体DXを推進させることは、有効であると考えます。デジタル庁の創設に伴って、デジタル人材を確保し、自治体が任用するに際しては財政支援を行う施策には、大いに協力したいと思っています。

　しかしその一方で、自治体には「職員の育成」に大いに取り組んでいただきたいと思います。

　自治体DX推進計画の参考資料には、「職員の育成」に関して、①自治体のデジタル担当職員とデジタル庁との対話を促進する「共創プラットフォーム」の創設、②デジタル担当職員に対するデジタル庁等

の研修、③自治体のデジタル担当職員のデジタル庁への出向等のキャリアパスを通じたデジタル人材としての育成、という３つの策が検討されていることが書かれています。

　先ほどは、私の経験で「内部の職員の説明よりも外部の有識者の説明のほうが効果は高い」と述べましたが、一方で「外部から来た人材の指示に素直に従うか」という点では疑問が残ります。やはり、外部の人材の意見に耳を傾け、理解し、行動に移せる職員の育成が欠かせません。個人的には、「職員の育成」は早晩出来るものではないことから、今すぐにでも取りかかり、「外部人材の活用」を受け入れられるよう、体制の整備に務めてはいかがかと考えます。行政のデジタル化を進めるための、自治体職員と政府・官公庁職員との『直接対話型』プラットフォームである「デジタル改革共創プラットフォーム」は既に立ち上がっていますので、意欲のある職員は今すぐにでも登録を行うべきかと思います。

　先進的な取組みを行っている自治体では、必ずといっていいほど、組織の内情に詳しく、職員の信頼を得ているプロパー職員が存在しています。当面は外部の有識者に頼らざるを得ないとしても、いずれは自治体のデジタル化を推進していく内部人材が複数現れるよう、今日から職員の育成に取り組み始めましょう。

(2)　職員の育成＝管理職員の育成

　「職員の育成」については、元自治体職員ならではの提言があります。それは「管理職員の育成なくしては、組織は変わらない」ということです。

　民間企業と自治体との組織運営における大きな違いは、管理職員の裁量ではないかと思います。学校現場で学校長に大きな権限があるように、自治体の課長は「組織に関する大きな権限」を有しているのです。それは、分掌事務や人事に関する権限だけでなく、一定額の物の購入や契約に係る権限、さらには規則や要項などルールを設ける権限

などにも及びます。

　管理職員とはいえ組織の一員ですから、組織全体のルールには従わなければならないと思われるでしょうが、例えば「このICTツールを自治体全体で使う」となっていても、権限の範囲内で別のICTツールを調達して、部下にはそちらの利用を命じることや、「原則、全ての職員にテレワークを可能とする」というルールを設けても、非常勤採用の際に「この職種については、テレワークを認めない」とする規則を作って、原則に応じないことも可能なのです。

　一方では、管理職員のデジタル化への意識が高ければ、前任課長が行ってきた紙を使っての会議を次回からはパソコンを持ち寄っての会議に変更したり、ファイルサービスの閲覧権限を部長にまで広げて、部長へのレクチャーをWeb会議で行ったりすることも可能となります。他の課では認めていない新たなデジタルサービスの利用についても、上位の法律に反せず、課長権限の範囲内においては、実証を始めてみることも可能です。

　このように裁量がとても大きく、他の組織に対しても、その発言内容が自治体を代表することとなるほど影響の大きい管理職員の育成を忘れてはなりません。

　自治体の実務を知り、キャリアパスを積んできた管理職員であっても、日進月歩の進化を遂げるデジタル化の最新の情報を得るのは困難です。自治体DXの推進体制を図る上では、管理職員への定期的な研修も忘れずに組み込んでください。

3 ▶ オープンデータが目指すもの

□ 自治体DX推進には地域の関係者を活用することも必要
　である。
□ アイデアを公募することを恥じず、様々な関係者の知識
　や知恵を活用させてもらう。

（1）　オープンデータに取り組む意義

　自治体DX推進においての重要なポイントは「いかに様々な意見に
耳を傾けられるか」だと思います。なぜならば、自治体DXを推進す
るには、組織体制を整備して全庁あげての体制を組んで、トップマネ
ジメントを効かせることが出来る外部の人材を確保して、都道府県の
協力を得られたとしても、組織内部の推進力だけで成し得るのは難し
いからです。

　自治体DX推進をより強固なものとしていくためには、デジタルデ
バイド対策や「関係人口」のところで述べたように、地域の関係者や
事業者、有識者の理解や協力、アイデア出しが必要となるのです。

　地域の関係者を自治体に巻き込むためには、行政で持っているデー
タを加工可能な状態で公開し、民間の様々な関係者がそのデータを活
用し、新たなサービスを作り出す「自治体のオープンデータ推進」が
必要です。「自治体のオープンデータ推進」は、自治体DX推進と切っ
ても切れない関係にあるといえるでしょう。

　「自治体のオープンデータ推進」を後押しする法律が「官民データ
活用推進基本法」であり、この法律により策定が義務付けられている
のが、「官民データ活用推進基本計画」です。

　「官民データ活用推進基本法」では、第9条に、都道府県は官民デー
タ活用の推進に関する施策の基本的な計画（「都道府県官民データ活

用推進計画」）の策定が義務付けられ、市町村は官民データ活用の推進に関する施策の基本的な計画（「市町村官民データ活用推進計画」）の策定に努めること（努力義務）、とされています。「官民データ活用推進基本計画」（令和 2 年 7 月 17 日閣議決定）の中の「施策集」（85 頁、87 頁）によると、2020 年 3 月時点で、義務化された都道府県では全ての自治体で策定済みですが、努力義務となっている市町村での策定（取組）は 716 自治体、オープンデータに取り組んでいる市町村は 669 自治体で全体の 40％程度に留まっている、とのことです。

　自治体がオープンデータに取り組む意義について、「世界最先端デジタル国家創造宣言」（令和 2 年 7 月 17 日閣議決定、53 頁）では、「今般、多くの地方公共団体が少子高齢化に直面する中、厳しい財政状況の下で住民の理解を得ながら効率的に利便性の高い行政サービスを提供することが求められるようになっており、地方公共団体がより多くの質の高いオープンデータを公開し、民間事業者等によるアプリ開発や行政機関自身によるデータ分析、政策立案等の利活用に繋げていくことで、地域における諸課題の解決に資することが期待されている」としています。

　先に述べた地域の関係者など、民間事業者等によるアプリ開発だけでなく、自治体そのものが他自治体のデータとの比較分析を行い、データに裏打ちされた政策を立案するためにもデータを公開すべきだとのことです。

　一方で、半数以上の自治体が取組みに参加していないのは、上記のメリットが理解できないからという理由ではなく、デジタル化が遅れており、データがアナログの状態であることや、それぞれの自治体がバラバラの形式でデータを公開しても比較や活用が難しいことから、国で求めている「推奨データセット」に準拠したデータの公開などへの対応が難しいこと、などの理由が考えられます。

（2）　自治体を取り巻く外部リソースの活用

　私がオープンデータに取り組み始めたのは、豊島区役所の庁舎移転前の2014年です。GISをベースとしたデータ活用の総務省実証事業を進めるに当たって、当時東京大学の坂村健教授からデータを公開することの意義を学び、実際に豊島区のデータを使って「アイデアソン会議（アイデアとマラソンを組み合わせた造語。新しいアイデアを生み出すために行われるイベント）」を開催しました。優秀賞を得たチームは、街路樹のデータを利用して季節ごとの散策マップを作るというアイデアを形にしたものでした。他にも優れたアイデアが多数出てきて、審査員を務めながら感心しきりでした。

　その後も「庁舎移転によって取り壊す旧庁舎を使って大規模イベントを開きたい」との意向を持っていた法人に出会い、解体前の旧豊島区役所の議場をメイン会場として、「シビックテック」といわれる「テクノロジーを駆使して市民の手で地域の課題を解決しよう」という意識を持った人たちのイベントを開催しました。このイベントに区役所側の責任者として3日間立ち会いましたが、参加者の「デジタルの力でまちをよくしたい」という気概を、至る場面で目にしました。

　この2つの体験を味わう前までは、自治体の課題には行政に長けた職員しか解決策が作れないと思っていましたし、まして自分の担当であるICTツールの活用を一般の市民に委ねるなどという行為は、仕事を放棄するに等しい、とまで考えていました。私の性格もあるのかもしれませんが、長年自治体で多くの課題に立ち向かってきた自治体職員であれば、少なからずこの感情は理解してもらえるのではないでしょうか。

　しかし、これからは恥じることはありません。自治体職員は自治体の事務に関する様々な経験と知識を持っていますが、同時に自治体の規則や過去の成功体験に囚われて、一定の「型」を作ってしまっていることも事実です。自治体の問題を解決したいという気持ちに、公務

員であるかどうかは関係ありません。特にデジタル化や ICT ツールの活用については、専門的知識を持っている人、バリアフリーなどに高い関心を示している人などの知識や知恵を使わせてもらうことが、自治体 DX 推進への近道です。

　自治体には、企業や学校、団体や個人などの様々な関係者が存在しています。たとえ小規模な自治体であっても、「関係人口」を増やすことで多くの「助っ人」を得ることが可能です。自治体職員には「コーディネート」という大事な役割を担う義務があります。自治体 DX 推進の体制整備に当たっては、多くのプレーヤーに参加してもらえる体制を考えましょう。

　自治体 DX を進める上で、新たな課題に立ち向かうための ICT ツールの調達は、企業の規模や実績では選べなくなると考えます。最初から「意中の事業者」を作るのではなく、アイデアを競わせて、「形にしてくれる事業者」と契約を交わすことです。

　「どうすれば意中の事業者と契約できるか」という ICT ツールの調達に関する質問への回答は、「プロポーザル」でも「入札」でもない、「アイデアコンテスト」のような自治体の調達方法を抜本的に変える仕組みを考え出して、アイデアの提案者と信頼できる事業者とを結びつけるという、自治体の調達全般の改革を行うことだと考えます。

4 ▶ 自治体DXから自治体経営の改革へ

- ☐ 仕事のやり方を変えたなら、次は仕事そのものを変える。
- ☐ ICTツールが進化する限り業務改革に終わりはない。

(1)　自治体DX推進がもたらす情報のデータ化とその活用

　「世界最先端デジタル国家創造宣言」では、「デジタル時代の競争力の源泉であり「21世紀の石油」と呼ばれているデータは、我々が従来想定していなかったような新しい価値創造をもたらす可能性を秘めている。データを最大限に活用することで、よりスマートな社会の構築を促進し、経営資源にも乏しい日本が経済的に成長する原動力となるとともに、各種の格差や障壁を起因とする社会課題が縮小され、多様な価値観や立場の人々がその個性をいかしながら参画し活躍できる」社会を実現するとしています。

　私は、自治体DX推進の究極の目標は「情報をデータに変換すること」であると思っています。

　ICTツールを活用することで、業務の効率化・省力化が図られるとともに、アナログの情報がデータ化されることにもつながります。申請・受付業務をオンラインで行うことは、申請者の利便性を向上させるとともに、申請内容や添付される書類の内容もデータ化されます。そして、データ化された情報はAIやRPAといった最新のICTツールの活用にもつながり、エラーチェックや転記ミスがなくなることで、データがより正確で、より使いやすくなるのです。

　そして自治体が保有する情報がデータに変換されると、「データドリブン経営」（ドリブンはdriveの過去分詞形で原動力といった意味で使われる）といって、収集したデータの分析結果をもとに、政策立

案が行えるようになります。

　私は自治体DX推進の先にあるものは、「自治体経営の改革」ではないかと考えます。ビックデータという言葉があるように、今後SNSなどで発せられた非定型なデータもAIを使って分類できるようになると、自治体の元には数えきれないほどのデータが蓄積されます。このデータを総合的に分析し、未来予測や企画立案などに役立てるのです。民間企業の中にはすでにデータを活用して経営ビジョンを見直して、新たなビジネスモデルを構築している企業が出始めています。

　私はこれまで、自治体の計画策定のお手伝いも行ってきました。情報化計画はもとより、総合計画や庁舎移転計画の一部分を担うこともあります。その際、策定作業にかかわって課題と感じるのは、根拠となるデータ探しに苦労している点です。その結果、拠り所があまりに少ないために、自治体の特性があまりみえない、他の自治体と似たような計画となってしまっています。

　これからは、足元にある数多くのデータと、オープンデータによって公開されている他の自治体のデータとを比較して、自治体の強みと弱みをみつけた上で、自治体ならではの特色ある計画を打ち出すべきだと思います。

　なによりも、自治体DXによって生み出された多くのデータは、経営ビジョンの検討過程だけでなく、それを実現するための戦略策定や外部組織との協業、さらには進捗状況の管理や関係者への情報発信など、自治体運営を円滑に進めるためにも役立つのです。

　自治体DX推進によって、仕事のやり方が変わると同時に、自治体の保有する情報がデジタルデータに変わります。自治体DXの先にあるものは、そのデータに基づいた自治体ならではの政策を作ること、すなわち「仕事そのものを変えること」ではないでしょうか。

(2)　自治体DXは仕事のやり方を変える

　ここまで自治体DX推進を基軸に、進める上でのポイントと業務ス

タイルをどう変えていくのかを述べてきました。

　私はこれまで、様々な場面において、自治体の業務改革を成功させる上で欠かせない5つの要素をあげてきました。それは、これまでの経験から、「規則・ルールの見直し」「職員の意識改革」「ICTツールの活用」「ノーマライゼーション（バリアフリー）」「執務環境の改善」の5つの要素を成し遂げることが、業務改革には欠かせないということです。

　自治体DXはデジタル化による業務の見直しですので、私がこれまで伝えてきた業務改革の手法は、自治体DXそのものかもしれません。

　総務省は自治体DX推進計画の対象期間を「2026年3月まで」としていますが、たとえ「自治体の情報システムの標準化・共通化」や「マイナンバーカードの普及」など、重点取組事項が実現できたとしても、自治体の業務がそこで安定することはあり得ません。自然災害への対応や個人情報保護への対策は、今後も続くことが確実ですし、少子高齢化や人口減少に伴う労働力不足などの問題は、現時点では想定できない新たな課題を突き付けてくるかもしれません。

　こうした不確実な社会はより一層の多様な価値観を生み出します。自治体がそれらに対処し、住民の満足度を高めるためにも、次々と進化を遂げるICTツールを使いこなす必要があり、よって自治体DXに終わりはないのだと考えます。

　今般の新型コロナウイルスへの対応のためにGIGAスクール構想が前倒しとなり、小中学生に一人1台のパソコンが配付されました。環境は整ったものの、ルール作りが後回しとなり、先生方も教え方を模索している状態で、現場は大混乱に陥っているという話を聞きます。

　しかしながら、政府が構想で掲げた「多様な子どもたちを誰一人取り残さず学びを個別最適化する」という目標に異論を唱える先生はいません。多忙な先生方が子どもたちの教育に集中できるようにするには、デジタル化による業務改革によって、校務といわれる学校での事務を効率化することが一番の方法だと思います。

　自治体職員には業務改革に取り組む時間の猶予が与えられています。まだ時間があると悠長に構えることなく、いつ襲ってくるかわからない危機事象に備えて、今日からでもデジタル化に取り組みましょう。

　「誰一人取り残さない、人に優しい」デジタル社会の実現には、自治体の力が必要です。この章の冒頭で述べた「デジタル活用支援員」の育成は自治体での急務になりつつあります。自治体職員には、前任者から引き継いだ「やるべき仕事」を改善するという発想を、デジタルを取り入れる観点から「この仕事はやるべきか」という新たな視点で見直していただきたいのです。

　ICTツールは利用者の声を取り入れて日進月歩で進化を遂げます。よってそれを使う自治体の業務も常に改善を加える必要があります。ますます便利になるICTツールを手に入れ、最大限活用して、自治体職員も含めた全ての国民が「多様な幸せ」を感じることのできる「新しい仕事の仕方」を創造していきましょう。

おわりに

　私は自治体のひとつである東京都豊島区役所で29年間公務員として務めてきました。そのうち18年が情報システム部門での勤務という、公務員としては変わった経歴の持ち主です。

　採用20年目からは課長職として職員をリードし、議会などに施策を説明する立場となり、自治体運営の中核を担うようになりました。特に課長職6年目に訪れた新庁舎への移転では、自治体としては珍しかった数々のICTツールを取り入れて、職員の働き方を大きく変える推進役を担いました。後に一般社団法人日本テレワーク協会から基礎自治体では初めてとなる「テレワーク推進賞優秀賞」を受賞するこの働きが総務省の目にも留まり、地域情報化アドバイザーとして、豊島区の職員でありながら、他の自治体の情報化のお手伝いをする役割をいただくこととなりました。

　地域情報化アドバイザーとして各地の自治体を支援すると、それまでは当たり前だと思っていた豊島区役所での仕事の進め方が、自治体それぞれで違っていることに気付きました。特に小規模自治体といわれる職員数が100名程度の自治体においては、情報システムの業務は企画や総務の一部として扱われ、専用の係がないこともあれば、担当職員が他の仕事を兼ねるのも珍しくないという状況でした。

　お世話になった豊島区役所に定年まで勤めて、区民のお役に立つのがあるべき姿だったかもしれません。しかし、こうした状況を知り、これまでの経験と知識を活かして、困っている自治体のサポートをすれば、より多くの人たちのお役に立てる、そう考えて区役所を退職し、フリーのコンサルタントとして現在に至っています。これまでに200を超える自治体を訪問し、2,000人近くの自治体職員の方々と意見交換をしてきました。

　2019年末に発覚し、2020年には全世界をパンデミックに陥れた新型コロナウイルスへの対応で「デジタル敗戦」を喫した日本では、

デジタル化とそれに伴う仕事や教育の見直しが待ったなしの状態です。政府が目標に掲げる「Society5.0」のスマートな社会の実現には、誰一人取り残さない、人に優しいデジタル化を目指す必要があり、そのためには住民に最も身近な自治体が自らの業務をデジタル化して、住民との接点もデジタル化することで、その恩恵を感じさせるようでなくてはなりません。

　これまでの経験で私が感じたこと、考えたことをお伝えすることで、自治体の業務改善にお役に立てればと思い、本書を書き進めました。これからも自治体職員のみなさまと一緒に行動し、考えていきます。私も知恵を出しますし、国と自治体の橋渡し役として、国の施策をわかりやすくお伝えするとともに、自治体の声を国に届けていきたいと思っています。

　自治体DXの推進により、自治体職員がその力を存分に発揮し、それが住民の豊かな暮らしにつながるよう願っています。

髙橋　邦夫

参考文献・資料

● 総務省『自治体 DX 推進計画概要』2020 年
● 総務省『自治体 DX 推進手順書』2021 年
● 「地方公共団体におけるテレワーク取組状況（令和 2 年 3 月 26 日時点）」2020 年
● 豊島区「『会議の新ルール 2016』トピック〜ワークスタイル変革（第 1 弾）〜」2016 年
● 自治体における RPA 導入促進有識者会議『RPA 導入ガイドブック』2021 年
● 総務省『地方自治体における AI・RPA の実証実験・導入状況等調査』2020 年
● 総務省『自治体における RPA 導入のすすめ』2021 年
● 総務省『令和 2 年度 地方公共団体における AI 活用に関する調査研究（自治体 AI 共同開発推進事業）自治体における AI 活用・導入ガイドブック＜実証要点まとめ編＞クラウド AI の利用促進に向けて』2021 年
● 総務省『新たな自治体情報セキュリティ対策の抜本的強化に向けて』2015 年
● 総務省『自治体情報セキュリティ対策の見直しのポイント』2020 年
● 総務省『新型コロナウイルスへの対応等を踏まえた LGWAN 接続系のテレワークセキュリティ要件について』2020 年
● 総務省『地方公共団体における情報セキュリティポリシーに関するガイドライン（令和 2 年 12 月版）』2020 年
● 文部科学省『教育情報セキュリティポリシーに関するガイドライン』2017 年、2019 年、2021 年
● 総務省「安心してインターネットを使うために　国民のための情報セキュリティサイト」（https://www.soumu.go.jp/main_sosiki/joho_tsusin/security/）

●総務省『自治体情報セキュリティ強靭化策』2015年

●総務省『自治体情報セキュリティ対策の見直しについて』2020年

●『デジタル活用共生社会の実現に向けて（デジタル活用共生社会実現会議報告)』2019年

●総務省「『関係人口』ポータルサイト」(https://www.soumu.go.jp/kankeijinkou/)

●総務省「関係人口ポータルサイト（モデル事業概要)」(https://www.soumu.go.jp/kankeijinkou/discription/index.html)

●総務省「令和2年度デジタル活用支援員推進事業 地域実証事業 公募要領 に係る補足説明資料」(https://www.soumu.go.jp/main_content000683096.pdf)

●「官民データ活用推進基本計画」II施策集『世界最先端デジタル国家創造宣言・官民データ活用推進基本計画』2020年

●「世界最先端デジタル国家創造宣言」『世界最先端デジタル国家創造宣言・官民データ活用推進基本計画』2020年

著者紹介

髙橋　邦夫（たかはしくにお）

合同会社ＫＵコンサルティング代表社員
電子自治体エバンジェリスト、一関市最高情報セキュリティアドバイザー

　1989年豊島区役所入庁。情報管理課、税務課、国民年金課、保育課などに勤務。2014年・2015年は豊島区役所CISO（情報セキュリティ統括責任者）を務める。

　2015年より総務省地域情報化アドバイザー、ICT地域マネージャー、地方公共団体情報システム機構地方支援アドバイザー、文部科学省ICT活用教育アドバイザー（企画評価委員）、2016年より独立行政法人情報処理推進機構「地方創生とIT研究会」委員。2018年に豊島区役所を退職、合同会社KUコンサルティングを設立し現職。

　豊島区役所在職中、庁舎移転に際して全管理職員にテレワーク用PCを配付、また庁内LANの全フロア無線化やIP電話等コミュニケーションツールを用いた情報伝達など、ワークスタイルの変革に取り組む。庁外では、自治体向け「情報セキュリティポリシーガイドライン」、教育委員会向け「学校情報セキュリティポリシーガイドライン」策定にかかわる。

　自治体職員としての29年間、窓口業務や福祉業務を経験する一方、情報化施策にも継続的に取り組んでおり、情報化推進部門と利用主管部門の両方に所属した経験を活かし、ICTスキルとともにDX推進のための組織の問題にもアドバイスを行っている。一関市のほか、深谷市、飯島町など10を超える自治体のアドバイザーを務めている。

　2015年には総務省情報化促進貢献個人等表彰において総務大臣賞受賞。2016年にはテレワーク協会からテレワーク推進賞優秀賞受賞。2019年には情報通信月間記念式典において関東総合通信局長表彰（個人）受賞。

サービス・インフォメーション

―― 通話無料 ――

① 商品に関するご照会・お申込みのご依頼
　　　　TEL 0120(203)694／FAX 0120(302)640
② ご住所・ご名義等各種変更のご連絡
　　　　TEL 0120(203)696／FAX 0120(202)974
③ 請求・お支払いに関するご照会・ご要望
　　　　TEL 0120(203)695／FAX 0120(202)973

●フリーダイヤル（TEL）の受付時間は、土・日・祝日を除く
　9：00～17：30です。
●FAXは24時間受け付けておりますので、あわせてご利用ください。

DXで変える・変わる自治体の「新しい仕事の仕方」
推進のポイントを的確につかみ効果を上げる！

2021年9月25日　　初版第1刷発行
2022年9月10日　　初版第3刷発行

著　　者　髙　橋　邦　夫

発　行　者　田　中　英　弥

発　行　所　第一法規株式会社
　　　　　　〒107-8560　東京都港区南青山2-11-17
　　　　　　ホームページ　https://www.daiichihoki.co.jp/

装　　丁　タクトシステム株式会社

イラスト　nishiya_hisa

DX自治体　ISBN 978-4-474-07600-6 C2031　（0）